人間というもの

司馬遼太郎

PHP文庫

○本表紙図柄＝ロゼッタ・ストーン（大英博物館蔵）
○本表紙デザイン＋紋章＝上田晃郷

人間というもの　目次

人間とは何か

組織から社会へ

夢と生きがい

日本と日本人

等身大の英雄たち

男と女

【出典について】

・言葉ごとに末尾に典拠となる書名を記した。

・何巻かにわたる長編の場合は、書名のすぐ下に巻数や「上・中・下」といった分類を記した。

・短編集や随筆集、対談集の場合は、書名のあとに（　）を附し、典拠となる作品名を列記した。

人間とは何か

情熱と勢い

時勢に乗ってくるやつにはかなわない。

『最後の将軍』

◈

「人の一生というのは、たかが五十年そこそこである。いったん志を抱けば、この志にむかって事が進捗《しんちょく》するような手段のみをとり、いやしくも弱気を発してはいけない。たとえその目的が成就できなくても、その目的への道中で死ぬべきだ。生死は自然現象だからこれを計算に入れてはいけない」

『竜馬がゆく　三』

◈

たとえば水がいったん堤を破った以上、ひろがるところまではひろがらねばとどまらない。人間の情熱も、そういう自然現象と同様であり、理由も意味もなく(それらはあとで作るかもしれないが)水の勢いのごとく奔流し、瀰漫《びまん》し、山麓にいたってやっとはばまれるか、天日に干されてしまうか、そのいずれかの限界にゆきつくまでとうとうとしてとどまらないであろう。『夏草の賦　上』

◆

「人間、思いあがらずになにができましょうか。美人はわが身が美しいと思いあがっておればこそ、より美しくみえ、また美しさを増すものでございまする。才ある者は思いあがってこそ、十の力を十二にも発揮することができ、膂力《りょりょく》ある者はわが力優《まさ》れりと思えばこそ、肚《はら》の底から力がわきあがってくるものでござります。南無妙法蓮華経の妙味はそこにあると申せましょう」

『国盗り物語　一』

◆

「気合のようなものだ。いくさは何分の一秒で走りすぎる機微をとらえて、こっちへ引きよせる仕事だ。それはどうも智恵ではなく気合だ」『坂の上の雲　五』

◆

鉄の使用ほど、人間の精神と社会を、それ以前にくらべて激しく変えてしまったものはないように思える。農業生産があがるために社会がかわり、また私有への執着が強くなり、さらには好奇心が増大して、形而下的な好奇心が社会に充満する一方、それが変質して形而上的な好奇心を生み、思想や学問を持つようになった。鉄器使用がはじまる以前の石器や木器による小生産の時代は、人間は欲望もすくなく、従って好奇心も寡少で、じつにのんきでお人好しの世の中であったろうと思える。開墾して自分の田をふやそうとしたり、あるいは他人の田まで奪《と》ろうなどということがおこりえないのは、木器や石器では他の地面まで耕しようもないからである。

『長安から北京へ』

◆

「若いのだな。世に浅い、とでもいうか。つまり自分をふくめて人間というものがわかっていないから、そのように、理解《わか》ったような、田舎寺の和尚のようなことをいうのだ。人間、もってうまれたものを捨てられるわけでもなく、また捨てる必要もない。死ぬまで持ちこしてゆくものさ」

『最後の伊賀者』（「天明の絵師」）

◆

「単にいきものになってしまった人間が、わしだ。お前さんは娑婆にいる。娑婆というのは大うその世界だ。大うその世界が本当だと思いこんでいるから、わしを見て嫌悪するのだが、しかし人間というのは元来、いまのわしのようなものだ」

「だからいたわれというのか」

牢番は、遠ざかりながらいった。

「いや、すでにお前さんはわしをいたわっている。その証拠に、このようにめしと汁を運んできてくれる。わしはただ、感想をのべているだけだ。わしはこの牢に入れられてはじめて人間というものがどんなものかを知った」

『播磨灘物語　三』

人生の大事とは

近藤は、表情からしんが脱《ぬ》けたように暗くふやけた感じになっている。舞台で、筋書どおりの役を演じ終えた役者が、筋が終っているのに幕が降りず、舞台で立往生している感じにどこか似ていた。

(激しく生きすぎた男には、舞台は一つきりしかないのだ)

あとは人生そのものから消えるしかないのではないか、と良順は思った。

『胡蝶の夢　四』

◆

「喫茶は作法どおりにするがよい」

「なぜ、作法どおりにせねばならぬ」

「遊戯じゃ。人には欲望がある。欲望というのは、もともと生死につながっている。めしを食い、女を抱き、憎い者を殺し、金をもうけ、土地をひろげ、人はその生死の欲望から片ときも離れ去るわけにはいかぬ。遊戯とは、生死の欲望から、人をわずかでも離れさせるための方術じゃ。遊戯には、さまざまのとりきめがあり、いずれも生死の大事と関係《かかわり》がない。茶の作法も、男女の遊びの作法も、遊戯にすぎぬが、遊戯のとりきめにおのれを縛りつけるときのみ、人は生死の欲望から離れることができる。作法どおりにするがよい」『戦雲の夢』

◆

「たとえばお前さんには、規準というものがないよ」

「なんの規準です」

「人としての生き方の規準、物の考え方、あるいは行動の仕方についての規準だ」

「規準はないほうがいいんです」

韓信は、蠅《はえ》を追うようにいった。

酈生は、教えようとしている。

「規準を学問という。規準のない人間は、人から信用されない。美でもない。

美でもなければ人から敬愛されない」

『項羽と劉邦　下』

◈

「女がその美貌をまもるように、男はその精神の格調をまもらねばならない」

と、奥州に居たころ、例の孤雲居士がおしえてくれたことがある。

剣を学ぶのもその格調を高めるためであり書を読むのもその格調を高めるためである。と、孤雲居士がいった。

「男はそれのみが大事だ」

と孤雲はいった。

『北斗の人』

◈

志は塩のように溶けやすい。男子の生涯の苦渋というものはその志の高さをいかにまもりぬくかというところにあり、それをまもりぬく工夫は格別なものではなく、日常茶飯の自己規律にある、という。箸《はし》のあげおろしにも自分の仕方がなければならぬ。物の言いかた、人とのつきあいかた、息の吸い方、息の吐き方、酒ののみ方、あそび方、ふざけ方、すべてがその志をまもるがための工夫によってつらぬかれておらねばならぬ、というのが、継之助の考えかたであった。

『峠 上』

◆

(こういうのを人物というのかもしれない。おなじ内容の言葉をしゃべっても、その人物の口から出ると、まるで魅力がちがってしまうことがある。人物であるかないかは、そういうことが尺度なのだ)

『竜馬がゆく 二』

◆

「人の運命は九割は自分の不明による罪だ」

『竜馬がゆく 六』

◆

「生死などは取りたてて考えるほどのものではない。何をするかということだけだと思っている。世に生を得るは事を成すにあり、と自分は考えている」

「事とは何ですか」

「しごとのことさ。仕事といっても、あれだな、先人の真似ごとはくだらぬと思っているな。釈迦や孔子も、人真似でない生きかたをしたから、あれはあれでえらいのだろう」

『竜馬がゆく　六』

◈

ある人物をひとに観察させるとき、よほどの器量の者にそれを見せなければ印象をあやまる。

『夏草の賦　上』

◈

官兵衛は、人間というのは行動を美しくしなければ人間の世の中はどうしようもない、と人一倍考えている男で、このことが、官兵衛という男の重大な一特徴といっていい。

『播磨灘物語　三』

才能と仕事

「人の一生はみじかいのだ。おのれの好まざることを我慢して下手に地を這《は》いずりまわるよりも、おのれの好むところを磨《みが》き、のばす、そのことのほうがはるかに大事だ」

『峠　上』

◈

「人間の才能は、多様だ」

と、継之助はいった。

「小吏にむいている、という男もあれば、大将にしかなれぬ、という男もある」

「どちらが、幸福でしょう」

「小吏の才だな」

継之助はいった。藩組織の片すみでこつこつと飽きもせずに小さな事務をとってゆく、そういう小器量の男にうまれついた者は幸福であるという。自分の一生に疑いももたず、冒険もせず、危険の淵《ふち》に近づきもせず、ただ分をまもり、妻子を愛し、それなりで生涯《しょうがい》をすごす。

「一隅《いちぐう》ヲ照ラス者、コレ国宝」

継之助は、いった。叡山《えいざん》をひらいて天台宗を創設した伝教大師《でんぎょうだいし》のことばである。きまじめな小器量者こそ国宝である、というのである。『峠　上』

◈

竹中半兵衛の才能は、栄達への野心を捨てたところに息づいていた。錯綜した敵味方の物理的状勢や心理状況を考えつづけて、ついに一点の結論を見出すには、水のように澄明《ちょうめい》な心事をつねに持っていなければならない、と官兵衛はつねに考えている。囚われることは物の判断にとって最悪のことであり、さらに囚われることの最大のものは私念といっていい。それを捨ててかかることは、領土欲や栄達欲が活動のばねになっている小領主あがりの武士にはなしがたいことなのである。しかし半兵衛は奇跡のように、その心事をつねに、平然と保っていた。

『播磨灘物語　三』

◆

「人には得手《えて》と不得手がある。英雄にも愚者にもそれがある。それを見ぬいて人の得手を用いるがよい。また人にはかならずいやなところがある。たとえば残忍、欲深というのはひとのいやがるところであるが、そういう人物ですら長所があり、それを親切に見てやらねばならない」

『世に棲む日日　一』

◆

人間の才能は、大別すればつくる才能と処理する才能のふたつにわけられるにちがいない。西郷は処理的才能の巨大なものであり、その処理の原理に哲学と人格を用いた。

『歳月』

◆

人は、その才質や技能というほんのわずかな突起物にひきずられて、思わぬ世間歩きをさせられてしまう。

『ある運命について』（「『胡蝶の夢』雑感」）

人間は、人なみでない部分をもつということは、すばらしいことなのである。そのことが、ものを考えるばねになる。

『十六の話』（「洪庵のたいまつ」）

◈

「藤兵衛、人間はなんのために生きちょるか知っちょるか」
と、竜馬は膳ごしにいった。
「事をなすためじゃ。ただし、事をなすにあたっては、人の真似をしちゃいかん」
世の既成概念をやぶる、というのが真の仕事というものである、と竜馬はいう。だから必要とあれば大名に無心をしてもよい。

『竜馬がゆく　三』

◈

「仕事というものは、全部をやってはいけない。八分まででいい。八分までが困難の道である。あとの二分はたれでも出来る。その二分は人にやらせて完成の功を譲ってしまう。それでなければ大事業というものはできない」

『竜馬がゆく　八』

◈

小人という西郷の用語は己れを愛する者という意味である。

「……であるから相手がたとえ小人でもその長所をとってこれを小職に用いればよく、その才芸を尽さしめればよい。水戸の藤田東湖先生もそのようなことをいわれた。小人ほど才芸のあるもので、むしろこれを用いねばならぬものである。さりとてこれを長官に据えたり、これに重職をさずけたりするとかならず国家をくつがえすことになる、決して上に取りたててはならぬものである」

『翔ぶが如く　三』

弱さとおろかしさ

物事は両面からみる。それでは平凡な答えが出るにすぎず、智恵は湧いてこない。いまひとつ、とんでもない角度――つまり天の一角から見おろすか、虚《こ》空《くう》の一点を設定してそこから見おろすか、どちらかしてみれば問題はずいぶんかわってくる。

『夏草の賦　上』

◇

「人の世の面白《おもしろ》さよ」

庄九郎は具足をつけながら、からからと笑い、つぶやいた。

人は、群れて暮らしている。

群れてもなお互いに暮らしてゆけるように、道徳ができ、法律ができた。庄九郎は思うに、人間ほど可憐《かれん》な生きものはない。道徳に支配され、法律に支配され、それでもなお支配され足らぬのか神仏まで作ってひれ伏しつつ暮らしている。

『国盗り物語　二』

◆

人は、いつも、自分をさまざまな意識でしばりあげている。見栄《みえ》、てらい、羞恥《しゅうち》、道徳からの恐怖、それに、自分を自分の好みに仕立てあげている自分なりの美意識がそれだ。それらは容易に解けないし、むしろ、その捕縄のひと筋でも解けると、自分のすべてが消えてしまうような恐怖心をもっている。

『風の武士　下』

◆

（人はおれを利口なやつとよんできたが、人間の利口など、たかが知れたものだ、囚われになれば、どう仕様もない）

官兵衛が心から自分をあざける気になったのは、入牢《じゅろう》して十日ほど経ったときである。

（智恵誇りの者がたどりつくのはたいていこういうところだ）

智恵者は、道具でいえば刃物のようなものだ。手斧《ちような》で板を削り、のみで穴をうがち、鋸《のこぎり》で木を切る。道具でもって家も建ち、城も建つ。なるほど偉大なものだが、しかし板にちっぽけな古釘が一本入っていたりするだけで刃は欠けて道具はだめになってしまう。

（智恵など、たかが道具なのだ）

播州でおれほどの智者はいないとひそかに思っていたことが、なんだかばかばかしくなってきた。

『播磨灘物語　三』

◆

織部正《おりべのしょう》は、そのながい半生で一度も蹉跌《さてつ》ということのなかった、稀有《けう》の幸運児である。人柄も円満で、ほとんど、きずというものがなかった。惣内によれば、織部正は、おそらくそういう自分の人生や性格というものに、この齢《とし》になってようやく反逆を覚え、むしろきずやいびつのなかにこそ、美しさがある、と思いはじめたのであろう。

『人斬り以蔵』（「割って、城を」）

◆

「人間をごぞんじない」

継之助は、色のあわい、鳶色《とびいろ》の瞳《ひとみ》を大きくひらいていった。人間はその現実から一歩離れてこそ物が考えられる。距離が必要である。刺戟《しげき》も必要である。愚人にも賢人にも会わねばならぬ。じっと端座していて物が考えられるなどあれはうそだ——と継之助はいった。

『峠　上』

◈

「別あつらえの人間など、どこの世にいる。ただの人間だから、おたがい自分をもてあまして苦労している」

『峠　上』

◈

「人は、その長ずるところをもってすべての物事を解釈しきってしまってはいけない。かならず事を誤る」

『峠　下』

◈

人間の厄介なことは、人生とは本来無意味なものだということを、うすうす気づいていることである。古来、気づいてきて、いまも気づいている。仏教にしてもそうである。人間は王侯であれ乞食《こじき》であれ、すべて平等に流転する自然生態のなかの一自然物にすぎない、人生は自然界において特別なものでなく、本来、無意味である、と仏教は見た。これが真理なら、たとえば釈迦なら釈迦がそう言いっ放して去ってゆけばいいのだが、しかし釈迦は人間の仲間の一人としてそれでは淋しすぎると思ったに違いない。

『ある運命について』（「富士と客僧」）

人の心の奥底には

十分の武士は騎馬によって戦場を駈け、槍をふるって敵陣へ突き入ってゆくが、これはあくまでも個人的行動であり、ここには密集戦法の要素はない。騎馬武者はおのれの武勇を個人としてみがくが、集団の調練はうけないし、その必要もない。

継之助にいわせれば、そこが日本人のおもしろさであろう。こういう日本式戦法にあっては、合戦はあくまでも個人々々の勇怯《ゆうきょう》にたよっている。個人々々が勇敢ならば勝ち、個人々々が臆病《おくびょう》ならば負ける。

ところが洋式にあっては、あたまから戦士というものは臆病なものだときめつけているらしい。なぜならば調練をする。

調練とは、集団のなかで動くすべをさとらせる訓練である。それも頭でさとらせず、体でさとらせる。くりかえしおなじ動作を訓練させることによってどのように惨烈な戦況下でも体のほうが反射的に前へゆくようにしてしまう。ある号令をきけばとっさに散開し、ある号令をきけばとっさに伏せ、ある号令をきけば敵にむかって突撃する。恐怖が足を食いとめるゆとりをなくするのである。すべての戦士を反射運動の生きものにしてしまう。

『峠　下』

◈

秀吉は戦国乱世にうまれ、利害の前には人間の信義がいかに脆《もろ》いものであるかを知っている。そういうことを知りぬいた上で、秀吉の智恵も人間観もそして戦略意識も成立していた。秀吉自身、若いころから、たとえば美濃衆を工作するとき、かれらに裏切りを勧め、成功してきた。いま信長の陣営にいる金森氏や不破氏などはそうだし、第一、秀吉の幕将である竹中半兵衛も、そのうちのひとりだった。

（官兵衛もまた、裏切るときがくれば裏切るであろう）

と、秀吉は、それが乱世の人がもつ一種の機能だとみて、比較的乾いた気持でいる。

『播磨灘物語　三』

秀吉は信長の気持の機微を信長以上に知っていた。信長は織田家の重臣のなかでもっとも功もあり役にも立つ秀吉に、近江半国を手はじめに播州をもあたえたが、やがて天下統一のあかつきにそれが吝《お》しいという気持を信長が持つであろうことを秀吉は予感していた。

独裁者が物吝しみをするときが、功臣の危険なときであった。所領を返せなどとはいわず、非曲をみつけ、罪状をつくりあげ、その悪を天下に公表して、公々然と功臣の生命もろとも所領をとりあげるのである。

『播磨灘物語　四』

◆

「羽柴どの」

と、ついに言ってしまった。「これは推察にすぎませぬ。あくまでも推察にすぎませぬが、柴田どのにはご油断なきよう」と、そのあたりの小鳥の声にまぎれるほどに小さな声でいった。秀吉は、うなずいた。

「感謝する」

と、いった。人の好意によろこばぬと人はかえって裏切るということを、秀吉はよく知っている。何度も、「お言葉、ありがたい」といった。むろん、金森長近がいった柴田勝家の肚の中ぐらいは、秀吉は鏡でうつすほどにありありとわかっていることだが。

『新史 太閤記 下』

◈

いまの日本の企業社会で、同種企業と気が狂ったように競争しているサラリーマンたちの七〇パーセント以上は祖父の代まで、太陽の下でスゲ笠をかぶりながら畑の草をとっていた。たった二代で大変化をおこしたこの社会で、われわれはわりあい平気で生きているというのがこっけいなほどだが、しかし心のどこかで、かつての人間らしい社会へ回帰したいという思いがたえずあるらしい。

『人間の集団について』

◈

自分というのは経験によって出来るだけで、人間という生物としては自己も他者もない、というのが、寛斎の思想だった。このことは解剖学を学ぶことに

よって知った。かつて長崎で伊之助が解剖図を着色していたとき、ふいに顔をあげて、

「寛斎さん、人間というのはばかですね、自分も他人も同じだということを知らずに生きているのですから」

といったことがあり、あれほど自己が人の何倍も詰まったような男が洩らした言葉だけに、寛斎はおかしくもあり、さらには自分なりの意味にとって深刻に記憶している。　『胡蝶の夢　三』

◆

「五番堀の前のうずはそれでよかったけど、人の世の中には、いろんなうずがあるのよ。表むきは小さなうずでも、底で赤えいでも呑んじゃうようなうずもあるわ。信さんはいくら貧乏な御家人の子でも……」

云ってから、お勢以はちらりと微笑《わら》って、

「ごめんなさいね。お侍の子なのよ。武芸がいくらできても、人の世のこわさがわかりゃしない。うずを見ると、つい、もちまえの物好きな病いがでて、ちょいと足の指ぐらいを浸《つ》けちゃうの。浸けちゃうまでは自分があっても、だん

だん自分の体が自分のものでなくなる」

『風の武士　上』

◈

人間の不幸は、人によって尺度の大小が異っていることである。

しかし尺寸にもよる。

人間の相剋《そうこく》は、利害にもよる。

◈

この平凡な事実が、人間と人間との関係に誤解を生み、軋轢《あつれき》を生ぜしめ、無数の悲劇や喜劇を歴史のなかに生み、ときには歴史を変動させてきた。日常のレベルの上ではなおさらのことである。人間は人間との関係においてのみ生存できる動物であるかぎり、この課題は人間が共通に負っている業という点で不動のものにちがいない。

『翔ぶが如く　二』

◈

事をなすべく目標を鋭く持ち、それにむかって生死を誓いつつ突き進んでいるときは、どの人間の姿も美しい。が、ひとたび成功し、集団として目標をうしなってしまえば、そのエネルギーは仲間同士の葛藤《かっとう》にむけられる。げんに、諸隊の隊長はたがいに政治家を気取って、たがいに蹴落しあいをはじめていた。

『世に棲む日日　四』

◆

自分を勝者だと思っている。なるほど勝者にはちがいないが、勝者になりうる能力、器量のもちぬしだ、と思いはじめているようであった。土佐一国、という思いもよらぬ僥倖《ぎょうこう》をひきあててから、どうも伊右衛門は、それ以前の伊右衛門にくらべてすこしかわったようである。

(以前はこうではなかった。以前、この人は、自分が凡庸だと思いこんでいたし、それなりに功名をたててそれなりの加増があるとひどくよろこび、自分は運がいい、それほどの分際ではないのだが、というような謙虚さがあった。いまはそうではない。自分の力でかちえた、と思いはじめている)

男に、出世とはこわい。

分不相応の位置につくと、つい思いあがって人変りのする例が多い。

『功名が辻　四』

悪人と善人

「人間は、本来、猛獣かひどく気味のわるい動物だったかもしれん」
と、いった。そのくせ人間は虎のように一頭で生きるのではなく、群居しなければ生きてゆけない動物なのである。群居するには互いに食いあっては種《しゅ》が絶滅するから食いあわないための道徳というものができた。道徳には権威が要るから、道徳の言い出し兵衛に権威を付け、いやがうえにもその賢者を持ちあげてひろめた。しかし道徳だけでは、事足りない。人間の精神は、傷つけられやすく出来ている。相手を無用に傷つけないために、礼儀正しい言葉使いやしぐさが発達した。人間にとって日常とはなにか。仕事でも学問でもお役目でもなく、それぞれの条件のもとで快適に生きたい、ということが、基底になっている。仕事、学問、お役目はその基底の上に乗っかっているもので、基底ではない。

『胡蝶の夢　二』

「なるほど、人間を超脱することは、稀有《けう》のことではある。がそれだけでは、木石鳥獣と変るまい。木石鳥獣は、ただ、じねんに生きておる。あのものどもは、生死を思いわずらうこともあるまい。おのれの煩悩《ぼんのう》をわずらうだけの才慮を与えられてはおらぬでな。生死を超脱するだけが解脱《げだつ》の幸福なら、人間は木石鳥獣になればよい。坊主も、釈尊を拝まず、松の木でも拝んでおれば済む」

『梟の城』

◈

男が、同僚もしくは配下に対して感ずる嫉妬ほど厄介なものはない。

『播磨灘物語 二』

◈

「つまるところ、あのひとには百の才智があって、ただ一つの胆力もない。胆力がなければ、智謀も才気もしょせんは猿芝居になるにすぎない」『最後の将軍』

◈

釈迦は人間の苦悩が、その心よりおこるものであると分析し、さらに心と、心がつくりだす苦悩を見つめきって、苦悩からのがれようとすれば、たれもがその内面から自分を変える必要があるとした。心は、心そのものがわるいのではなく、その深奥に一ヵ所人間を苦しませる部分があるとする。その部分から毒素を分泌しているために、人間は苦しむのである。その部分か、あるいは毒素のことを、釈迦は妄執《もうしゅう》という概念でとらえた。『十六の話』（「華厳をめぐる話」）

◈

「おれは、幼いころから、おのれは人とちごうて、いかい悪人じゃと秘かに想い暮らしてきた。この城に入り、この悪を行《ぎょう》じながら、おのれの悪の底の底を見きわめたかった。見きわめることが、おれの場合、おれのいう菩薩行じゃ。わかるか。わかるまい。おれは、つくづくとおのれが悪人じゃと思うた。しかしその悪人でさえ、わが一向念仏宗の教えにあっては、如来はお救いくださるというぞ。おれは、おのれのお念仏を深めたい。深めるためには、おれにとっては、おのれの悪の底をつきとめることであった。ようやく、つきとめ得たような気がする。その証拠に、ここ二、三日来の念仏が、雀踊りするように楽しゅうなった」

『軍師二人』(「雑賀の舟鉄砲」)

◆

「世人は悪い事をせねば善人だと思うているが、それは間違いだ。いくら悪人だって、悪い事をする機会が来なければ悪いことをするものではない。僕だって、今まで悪いことをしないのは、機会がないからだ。ずいぶん残酷な事もやるつもりだがね」

『坂の上の雲 三』

◆

もともとおりょうは、お針も煮たきもできない女で、どちらかといえば行動的性格にできている。おとなしく家庭をまもるたちではないくせに、かといってこうも変転きわまりない暮らしのなかに揉みに揉まれていると、ふと人並な暮らしの楽しみに思いこがれるのである。人間とはなんと奇怪で物欲し屋で、あくことのない幸福への空腹感をもちつづけている動物であろう。『竜馬がゆく 六』

少年から大人へ

しかし子供が大人より決定的に劣っているところはある。子供は衝動的で、志をもたないということである。

ふつう、十四、五歳での元服のときに、烏帽子親《えぼしおや》が、

――童心を去れ。

という。武家社会でも庶人社会でも、そのように言われる。しかし童心を去って何をするのか、そのことは説かれない。

童心を去るとは、どうやら社会の縦横《たてよこ》の関係のなかでの自分の位置を思いさだめ、分際をまもり、身を慎み、いわば分別くさくなれということらしいが、嘉兵衛のなかでの大人はそういうものではなく、自分の世界をつくりだす者といったことのようでもある。

『菜の花の沖 一』

しかし大人というものは仕様のないもので、子供がもっている疑問を持たなくなる。天地人のさまざまな現象について、なぜそうであるのかという疑問を忘れたところから大人が出来あがっている。

『菜の花の沖　三』

◈

「竜馬、故郷とはそういうものぞ。裏返していえば故郷への想いもそういうようなものであるだろう。懐しくもあり恨めしくもあり、想いの丈《たけ》がつのって、愛憎こもごもいたる。おぬしの土佐藩への思いは、愛しているがゆえに恨みも深いのだ」

『竜馬がゆく　七』

◈

文学というのは、結局は自分の中にある少年の投影だと私は思っている。同時に自分の中から少年が消滅したときに作家は小説を書くことをやめてしまうものだし、べつの表現でいえば、少年の感受性を多量にもっていなければ作家であることが成りたちがたいとも思っている。むろんこのことは、他の創造的なしごとにも通ずる。世故《せこ》にたけて心のひからびたおじさんのイメージと、たとえばあたらしい音楽を創造することとは無縁のものだということを考えあわせればいい。

『歴史の交差路にて』(「鼎談を終えて」)

◈

「老獪《ろうかい》ねえ」

おりょうは、漢語でつぶやいた。

「あなたは、はじめのころの純情《うぶ》なところがだんだんなくなってきたわ」

「純情だけでは、人間の乱は鎮められんからな」

「私、人間の乱？」

「いや、天下国家の乱をいっている。古来、英雄豪傑とは、老獪と純情のつかいわけのうまい男をいうのだ」

「顔をあらっていらっしゃい」

『竜馬がゆく　六』

◈

羽柴秀吉は、巨大な感受性のもちぬしであった。譬《たと》えれば、よく澄んだ池の面《おも》のようなものであるかもしれない。感受性が知能の代用をするには、私心の曇があってはならず、つねに高い透明度を保っていなければならない。

『播磨灘物語 二』

◆

「人間と申すのは妙なものじゃのう。命があと幾何《いくばく》もないと知れば、そのあたりを歩いている人間までみな愛《いと》しゅうみえてくる。まして、そちのようにめずらかな面魂《つらだましい》をもった男をみると、矢も楯《たて》もたまらず懐《なつ》かしゅうなるわ。ついこうして、路傍《ろぼう》にひきとめることになる」

『風神の門 下』

◆

人が死ぬ。

世にいう無常などということばの空《むな》しさなまぬるさ、死という言葉にははるかにおよばぬ、と早雲は思うようになっている。

(無常というのはまだまだ楽《がく》の音《ね》で、楽しくもある。死は琴《こと》の糸が切れるの

だ。音も絶える。音が絶えて、なお無常などというものを、うたっていられようか）

『箱根の坂　下』

◈

「人間はな」

言ってから、劉邦は言葉をとぎらせた。人が悲しんでいるときに顔をすり寄せてきて、お悲しいことでございましょう、とおっかぶせてくる奴ほどこまった手合はない、と言いたかった。

「こういうときにはな」

劉邦はまた黙った。何をいっていいのか、言葉がない。

風が、帆をゆさぶって鳴った。

「唄だ」

唄はこういうときのためにあるのだ、と劉邦はいった。嬰よ、うたえ。

嬰は、風にむかってうたった。

『項羽と劉邦　下』

組織から社会へ

権力と金と悪

（たとえば、こういうことだ。藩のためにもなり、天下のためにもよく、天朝もよろこび、幕府も笑い、領民も泣かさず、親にも孝に、女にももてる、というようなばかなゆきかたがあるはずがない）

というこ とであった。そういうことを思いつく人間というのは空想家であり、ほらふきであり、結局はなにもしない。

（なにごとかをするということは、結局はなにかに害をあたえるということだ）

と、継之助は考えている。何者かに害をあたえる勇気のない者に善事ができるはずがない、と継之助は考えている。

『峠　上』

◈

「世を動かすのは、これだ」
と、秀吉はいった。これ、というのは人間の欲望を指している。秀吉は人間の欲望を刺戟した。すると水が低きへ流れを変えるように、秀吉の思うがままの方向に人間どもはうごきだした。

『新史 太閤記 下』

◆

商利や生産上の利益は、元来が、薬効をもつ毒物のようなものである。息せき切ってそれを追求すれば、毒に冒《おか》されて人格がこわれかねない。また使っている人間たちを利益追求のために鞭打《むちう》つようなことをした場合、当人も使用人も精神まで卑しくなってしまう。

『菜の花の沖 五』

◆

「得の裏は損ではないか。一つは紙の表裏にすぎず、損ならば得、得ならば損、一つのことではないか」

『箱根の坂 中』

◆

結局、こういうことになるんでしょうか。産業家というのは、本来物をつくって売って利潤を得るだけでいい。これが大原則であるべきで、土地でもうけてはいけないんだと。

『土地と日本人』(「現代資本主義を掘り崩す土地問題」)

◈

(――根は知らぬが)

と、勘兵衛は、権力者にして人間の世の中の何たるかを知らない者は木偶《でく》よりもひどい、と秀頼をおもい捨てるようになった。木偶の君主のもとにはそれをおどらせる小利口者があつまってくる。勘兵衛のみるところ、大野修理などがそうであった。

(大野修理は、根は忠臣かもしれない、しかし後世、悪党といわれるだろう。木偶をおどらせるというのが、人の世でもっとも罪だ)

と、勘兵衛は江戸にかえってから、そのようにおもうようになった。

『城塞　下』

◈

権力は、ときに人間を魔性に変えてしまう。　『項羽と劉邦　上』

もともと権力というのは、権力の維持のために、国家の名を藉《か》りておこなう私的行為が多い。　『翔ぶが如く　四』

◆

(人間一生のうち、飛躍を遂げようとおもえば生涯に一度だけ、渾身《こんしん》の智恵をしぼって悪事をせねばならぬ)

秀吉はそうおもった。ここで秀吉にとってかんじんなことは、悪事を思いきって陽気にやらねばならぬことであった。もし陰気にやればたれの感覚にもそれが悪事として匂《にお》い立つが、しかし夏祭りのような陽気さでやればみな気づかず、手拍子《てびょうし》をとって囃《はや》してくれる。

(幸若舞《こうわかまい》とおなじだ)

と、秀吉はかれの好きな芸事で思った。舞手のなかでも陰気な芸と陽気な芸がある。陰気な舞手はうしろめたく舞うがためにたとえたくみに舞ってもひとびとはその巧みさよりもその欠点に目がゆく。逆に陽気な舞手ならば、舞手自身がわが芸を大肯定しているがために少々下手に舞っても、観衆はその陽気にまどわされ、つい欠点に目がゆかず、長所にのみ目がゆく。

『新史 太閤記 下』

◈

「すくなくともこの国の人間どもにはわなが要るのだ。残忍かもしれぬが、もはやそういうわなを設けて虐殺する以外に治めてゆく方法がない」

「人には子や孫がありまするぞ」

「けものにもある」

「しかしけものには言語がありませぬ。わなをつくって人を殺せばそのことが伝説になり子々孫々にまで伝わるでしょう。一時はおさまっても、いずれか時がきたときにその伝説で育てられた子孫たちがきっと山内家に復讐をくわだてるでしょう。政事というのはあなた様ご一代きりのものでございませぬ。杉苗を大木にするように百年千年ののちまで考えるべきものです」『功名が辻 四』

しかし、殿がそのように静まっておいで遊ばしても、陰謀と申すものは腫れ物と同じでございます。いったん腫れはじめれば、皮が破れ膿があふれ出るまでとどまるものではありませぬ。殿としては、この腫れ物のまだ大きくもならぬうちに切って取り捨て遊ばすことがかんじんなのではございますまいか。

『花の館・鬼灯』（「鬼灯　その四」）

◈

歴史と正義

われわれが、身辺の何が美しいかということを思うのは、その民族自身が発見するよりも、他のすぐれた文化によって、衝撃とともに教えこまされるという場合が多い。日本人が秋の月を美しく思うというのも、弥生式時代の日本人もそう思っていたのではなく、のちに中国の漢詩が渡来し、その類的体系の中で月の美しさを知ったと見るほうが自然である。げんに秋の月を美しく思うという感受性は、こんにちでもさほどの普遍性はなく、アメリカ人はそうは思わないそうである。

『歴史の世界から』(「蝶への想い」)

◈

明治維新を肯定するとすれば、それはこの桜田門外からはじまる。斬られた井伊直弼は、その最も重大な歴史的役割を、斬られたことによって果たした。

三百年幕軍の最精鋭といわれた彦根藩は、十数人の浪士に斬りこまれて惨敗したことによって、倒幕の推進者を躍動させ、そのエネルギーが維新の招来を早めたといえる。この事件のどの死者にも、歴史は犬死をさせていない。

『幕末』（「桜田門外の変」）

◆

普通、ナマの人間ほど、人間らしくないものはないと私は思っている。かれらはただ騒がしいだけで、人間のにおいが案外稀薄なものだ。ところが、史書という紙の上にだけ存在している人間のほうが、はるかに人間くさいのである。かれらは、史書という、凝固された人生のなかで生きている。それだけにかれらがひとたび哄笑すると、歴史の舞台の上ですさまじく反響するほどの笑いになるし、ひとたび残虐を思いたつととめどもない。

『一夜官女』（「あとがき」）

◆

政治的正義がすべての人間に対してやさしい微笑でくるんだ歴史などはどこ

にもない。繰りかえしいうが、政治的正義における正邪は人間の善悪とはべつの場所あるいは次元に属しているようである。私のような者にはどうにも手に負えない。

『ある運命について』(「奇妙さ」)

◈

一世をうごかすには、人気が必要であるであろう。が、同時に一世をうごかすには、まったくひとから黙殺されているという在り方も必要であるかもしれない。

『花神 下』

◈

(癪だが、おれより人間が上品《じようぼん》だ。あいつが、おれに優《まさ》っているところが、たった一つある。妙に、人間といういきものに心優しいということだ。将来、竜馬のその部分を慕って、万人が竜馬をおしたてるときがくるだろう。竜馬はきっと大仕事をやる。おれにはそれがない。しょせんは、おれは、一騎駈けの武者かともおもう)

弥太郎が、竜馬を小面《こづら》憎くおもうのは、竜馬のそういう部分への嫉妬だろう。それ以外は、弥太郎は、人間として竜馬に、おどろくほど似ている。似ているから、なお、いやなやつだ、とおもうのかもしれない。『竜馬がゆく　三』

政治と革命

政治がもし論理のみで動くものであるとすれば、人類の歴史ははるかにかがやけるものであったろうと思われる。しかし政治においては論理という機械の作動する部分は不幸なことにわずかでしかない。それよりも利害で動くということは大いにあるであろう。しかし革命早々の日本国家の運営者たちは、政商の利益を代表していなかった。むしろ感情で動いた。感情が政治を動かす部分は、論理や利益よりもはるかに大きいといえるかもしれない。

『翔ぶが如く　二』

◈

「時の理というものには」

と、高杉は急に居ずまいをただし、大声でいった。高杉のいう時の理というのは、「政治」というほどの意味である。

「いいか、それには善悪はない」

政治に善悪はない、というのだ。あるのは勝敗のみである。赤根は敵にまわった。だから斬る。しかもその「斬る」は、「お前《まん》が京でやってきたあの斬るでは意味がない。天下に公布し、藩国を売った罪人として公々然と斬らねば意味がない。それによって長州藩の藩論は一挙にまとまり、藩人の対幕姿勢が粛然とする。赤根武人の首は時の理の祭壇にそなえられるのだ。わかったか」

『十一番目の志士　下』

◈

「政治とは本来寒いものだぜ」

と継之助はいったが、彦助はこのことばの意味がわからず、明治になってからも考えつづけた。やっと思い至ったのは「政治をするものは身が寒い」ということに相違ない。わが身をそういう場所に置いておかねば、領民はとてもついて来ないということらしい。

『峠　上』

村重のように、かつては、

「一僕の身」と、『信長公記』にもあるごとく、一僕の分際で徒党をあつめ、いわば徒手空拳の境涯から人の大将にのしあがった男というのは、ひとの脳裏に、明かるい幻覚をえがかせることに長じていた。というより、天の性、そういう能力を持った男でしか、村重のように一代で国主になるということはできないのかもしれない。

が、その村重の能力も、ひとびとが絶望的状況に近づいたときは、まるで効果が失せ、むしろ、説けば説くほど、しらじらしくなり、ひとびとの憤りを買うはめになった。

『播磨灘物語　三』

◈

国家に責任をもっている専門家とか、その専門家を信用する世間の常識というものほどあやうくもろいものはないということを、大日本帝国というのは国家と国民を噴火口にたたきおとすことによって体験した。日本の歴史のなかで、昭和初期の権力参加者や国民ほど愚劣なものはなかった。江戸文明は成熟した政治家や国民を生んだが、大正末期から昭和初期にかけて出現する高級軍人や高級官僚は飛躍的にひらけた国際社会のなかにあった日本の把握《はあく》や認識がまるで出来ず、幼児のようであった。歴史のふしぎさである。

『歴史と視点』(「戦車・この憂鬱な乗物」)

◈

世界の歴史のなかで無数の専制者が出たが、そのうちわずか二、三人のみがすぐれた政治業績を残した。あとはことごとく専制のために国家をやぶり身の破滅を来たした悪例の歴史であるが、しかし存在としてすでに悪である専制者たちは、つねに歴史上数例しかない英雄的な先例を神聖視することによっておのれの専制を正当化する癖があり、常人以下の能力でしかないニコライ二世でさえ、即位早々、

「予は、予の父帝がなしたるごとく、専制の原理をゆるぎなく守るつもりである。このことを国民にしらしめよ」

と、宣言した。偉大なるロシアは、ただ一人の愚人によってひきいられているのである。もっともその愚人が勇敢な英雄的賢者であれば専制の害はさらにひどいものになるにちがいないが。……

『坂の上の雲　七』

◈

分類すれば、革命は三代で成立するのかもしれない。初代は松陰のように思想家として登場し、自分の思想を結晶化しようとし、それに忠実であろうとするあまり、自分の人生そのものを喪ってしまう。初代は、多くは刑死する。二代は晋作のような乱世の雄であろう。刑死することはないにしても、多くは乱刃のなかで闘争し、結局は非業《ひごう》に斃れねばならない。三代目は、伊藤俊輔、山県有朋が、もっともよくその型を代表しているであろう。かれら理想よりも実務を重んずる三代目たちは、いつの時代でも有能な処理家、能吏、もしくは事業家として通用する才能と性格をもっており、たまたま時世時節の事情から革命グループに属しているだけであり、革命を実務と心得て、結局は初代と二代目がやりちらした仕事のかたちをつけ、あたらしい権力社会をつくりあげ、その社会をまもるため、多くは保守的な権力政治家になる。

『世に棲む日日　四』

「衰弱した政権というものほどみじめなものはない」

『竜馬がゆく　六』

◆

「日本では、戦国時代に領地をとった将軍、大名、武士が、二百数十年、無為《むい》徒食《としょく》して威張りちらしてきた。政治というものは、一家一門の利益のためにやるものだということになっている。アメリカでは、大統領が下駄屋の暮らしの立つような政治をする。なぜといえば、下駄屋どもが大統領をえらぶからだ。おれはそういう日本をつくる」

竜馬のこの思想は、かれの仲間の「勤王の志士」にはまったくなかったもので、この一事のために、竜馬は、維新史上、輝ける奇蹟といわれる。『竜馬がゆく　三』

◆

◆

革命というのは、人間が思いつくかぎりの最大の陰謀といっていい。

『竜馬がゆく　七』

なぜ戦争をするのか

明治の草創期の軍人というのはおもしろいが、軍人が官僚になった昭和期の軍人の頭脳は、明治人よりもはるかに老化していた。かれらはなおもドイツ的軍事思考法をほとんど神聖視し、ついには同盟まで結び、運命を共にした。秩序老化期の官僚軍人のおろかさというのは、たとえば昭和十八年三月三日、陸軍の軍務局長佐藤賢了が、衆議院の決算委員会でぶった答弁にもあらわれている。昭和十八年といえば対米戦の様相が悪化しはじめているころだが、この日本軍部の実力者は、

「大体、米国将校ノ戦略戦術ノ知識ハ非常ニトボシイノデス。幼稚デアリマス」

と説き、なぜ幼稚かというと「アメリカの高級将校はフランスの陸軍大学を出た者が多い（どうも実証性にとぼしい）からであります」

と言い、そこへゆくとドイツ戦術はりっぱである、だから日本戦術はりっぱである、という意味のことを大まじめで礼讃している。なんとかの一つおぼえというが、国の秩序が老化し、やがてつぶれる時期ともなると、人間のあたまもここまでぼけてくるものらしい。『余話として』(「話のくずかご――普仏戦争」)

◆

戦争は補給が決定する。補給が相手よりもはなはだしく劣弱になったときに終了する。旧日本は太平洋戦争において軍需工場を相手国の空襲によって壊滅せしめられたときに壊滅した。それ以前に、無数の戦線に対し、補充すべき兵員、兵器を送るための船舶がなくなってゆき、燃料も底をつきはじめた。さらには国内に飢餓状態がおこった。戦争はその原則どおり終末すべきときにきて終末し、われわれは敗けた。『人間の集団について』

◆

日本の海軍というのは日本海海戦が原形になっており、侵略用の海軍ではなく、防衛用の海軍としてつくられ、継承されてきた。どこの国でもそうであったように仮想敵を想定してつくられている。仮想敵は米国海軍であった。かつてバルチック艦隊が懸軍万里《けんぐんばんり》はるばる極東にやってくるのを日本近海で待ち伏せし、待ち伏せによってこれを覆滅したように、その後もこの戦略原形を継承し、米国の大艦隊が日本近海にやってくるという設定のもとに艦隊をつくった。遠洋決戦というのは元来が不可能として作られており、さらには日本近海で主力決戦をするにしても決戦は一度きりで二度はできなかった。

『歴史と視点』（「大正生れの『故老』」）

◈

十九世紀、ヨーロッパの勢力がアジアに侵入してくる場合、ちょうど海岸にくだける波濤《はとう》が岩壁を侵食する場合のように、まず軟質の部分を侵し、硬質の部分はあとまわしにするか、もしくは軽微な侵食にとどめた。

硬質というのをかりに、国家と国民が成立しているくにをさすとする。この定義でいえば、アジアでは日本だけが明治維新によって近代的な意味での国家と国民を成立せしめた。さらに端的にいえば、

「国民が成立している地帯には侵略はなかった」

ということがいえる。

『翔ぶが如く　二』

◈

筆者は太平洋戦争の開戦へいたる日本の政治的指導層の愚劣さをいささかでもゆるす気になれないのだが、それにしても東京裁判においてインド代表の判事パル氏がいったように、アメリカ人があそこまで日本を締めあげ、窮地においこんでしまえば、武器なき小国といえども起《た》ちあがったであろうといった言葉は、歴史に対するふかい英智と洞察力がこめられているとおもっている。アメリカのこの時期のむごさは、たとえば相手が日本でなく、ヨーロッパのどこかの白人国であったとすれば、その外交政略はたとえおなじでも、嗜虐的《サディスティック》なにおいだけはなかったにちがいない。文明社会に頭をもたげてきた黄色人種たちの小面憎さというものは、白人国家の側からみなければわからないものであるにちがいない。

『坂の上の雲　三』

◈

それからみると、日露戦争におけるロシアは世界中の憎まれ者であった。というよりタイムズやロイター通信という国際的な情報網をにぎっている英国から憎まれていた。英国の報道機構がしつこく日本の勝利を報じ、その電報が各国の新聞に掲載された。極端にいえば満州の陸戦における行司役はタイムズとロイター通信であった。それによって国際的な心理や世論がうごかされた。日本が情報操作が上手であったわけではなかった。世界中の同情が弱者である日本にかたむいていたし、帝政ロシアの無制限なアジア侵略に重大な危険意識をもっていた。そういう面でのすべてが日本に有利であり、逆にいえば喧嘩というものはそういう諸条件が醸成されている場合でしかしてはならないことをこのことは教えているようでもある。

『坂の上の雲　八』

◈

男は一個の身を無数の権力もしくは権力現象に身をゆだねたり、そのとりこになり、他に害をあたえたり、あるいは害を受けたり、ときにはそれを得ることによって何事かの自己表現を遂げようとあくせくし、それがために生死する。このことばかりは人類のはじめからこんにちにいたるまで変ることがなく繰りかえしている。そのことは小さな職場や部族内でのことであったり、あるいは国家規模においてその化けものが狂いまわって何万の人間が死ぬこともある。

『歴史の世界から』(「自分の作品について」)

功と欲と利

毛利は、なるほど堅実で律義であろう。しかし家風に弾《はず》みがなく、暗く、華やぎというものがない。

（そのことは、致命的である）

と官兵衛はおもっていた。官兵衛がおもうに、人も家風も、華やぎ、華やかさというものがなければならない。でなければ人は寄って来ぬ。

織田家をみよ、と官兵衛は思うのである。なるほど主将信長は権詐《けんさ》にみちたゆだんのならぬ大将であろう。しかしその華やかさは、古今に絶している。天下の人材は織田家の華やかさを慕ってあつまり、信長もまた卒伍《そつご》のなかから才能をひろいあげてはつぎつぎに大将に仕立て、将も士も器量いっぱいに働いている。まるで才華の大群落をみるようではないか。

『新史 太閤記 上』

「論などはやらぬ」

竜馬は議論というものの効力をあまり信じていない。議論などで人を屈服させたところで、しょせんはその場かぎりということが多い。

「利だ」

「リ？」

「利が、世の中を動かしている。おれはまず九州諸藩連盟の商社を下関につくる」

と、その構想を説明した。

得意の株式会社論であった。

まず薩長を発起人として二、三の雄藩にはたらきかける。どの藩も財政にこまりぬいているからよろこんで加入するだろう。

大どころが入れば、他の中小藩も、あらそって加盟を求めてくる。

「説きまわる心配などはないのさ。むこうから揉《も》みあうようにしてやってくる」

「なるほど」

「時勢は利によって動くものだ。議論によってはうごかぬ」

妙な志士である。

『竜馬がゆく　七』

◆

尊氏は、類のないほどに気前のいい総帥《そうすい》だった。この物悋《ものお》しみのなさは、かれの生来のものであり、その性格の魅力が津々浦々《つづうらうら》の武士を吸引させた。わずかな功が、大きな褒賞《ほうしょう》になって返ってくることはおそろしいばかりで、人に欲があれば北朝に味方するのが当然とさえいえた。このため尊氏は日本国の過半以上を北朝色で塗りあげて南朝を圧倒したが、しかし欲望だけの世になり、ひとの心はおのれの領地の増減を思うだけになった。

尊氏は、功ある者に対し大盤ぶるまいして領地をあたえ、かんじんの足利家の領地はわずかでしかなくなった。

このことが、室町幕府の天下統制力を小さなものにした。

『箱根の坂　中』

◆

「大将というものは、ほうびをあたえる者をいうのだ」

と、元親は明快に定義した。それ以外に大将の機能はない、とさえいえる。よき大将は、価値のよき判断者である。将士の働きを計量し、それがどれほどの恩賞にあたいするものかを判断し、それをあたえる。名将のばあい、そこに智恵と公平さが作用するから、配下の者は安心してはげむのである。配下が将に期待するのはそれしかない。

『夏草の賦　下』

◈

「人間は、立場で生きている」

『峠　上』

◈

「田中、軍人は階級があがるほどにモウロクしてくる理由を知っているか」

田中は意外な話題に、存じません、と答えると、児玉は、マッチをすることまで部下が介添えするからよ、おれは陸軍大将になっても自分の身のまわりのことは自分でやる、といった。なるほどそういえば、児玉は日常の起居のなかで、まるで一兵卒のようにちまちまと自分のことをやっているようであった。

「そのかわり、貫禄《かんろく》は出来んがね」

くすっと笑った。起居動作のことを配下に介添えさせてさえいれば自然に王侯のような貫禄ができる、と児玉はいった。しかしそんな貫禄はでくのぼうの貫禄で、すくなくとも参謀には不必要だ、というのである。『坂の上の雲　五』

◆

人間は本来猛獣であるのかどうかはわからないが、多少の猛獣性はあるであろう。しかしその社会が発生してからというものは、社会を組むことによって食物を得、食物を得るために社会をもち、それを維持し、さらにはまたその秩序に適合するように人間たがいがたがいを馴致《じゅんち》しあってきた。そのなかでもっともよく馴致された人間を好人物としてきたことは、どの人種のどの社会でもかわらない。高杉小忠太は人間の猛獣性を「剛気」とよぶ。その「剛気がもし平均以上に過量になったばあいはそれをおさえねばならぬ。おさえるのが人の道である。おさえるために学問（倫理）というものがある」と、いう。そういう人物が尊い、と小忠太は言いつづける。あるいはそうであろう。平均的人間がときに猛獣になるのは社会が餓えたときだが、社会が餓えないかぎりその社会の秩序に従順で、従順であることがその社会の維持と繁栄に役立ち、小忠太のいう「その中庸的人物こそ偉大である」ということになるであろう。

『世に棲む日日　二』

人間関係の機微

「諺なんざ、死物だぜ。世界中の諺を万とあつめたところで、どうにもならぬ」

『峠　上』

◈

芸というものは、人間という肉体がいかに美しく、さらにはその心がいかに奥深いものであるかを、同種族である他の人間に教えてくれる神聖技術なのです。

『ある運命について』

（「まず、人間にとって芸とは何かについて　次いで『上方花舞台』についての簡略な紹介を」）

◈

人間が無言でいることがいかにつらいか、この牢に棲んでみてわかった。人間というのはつねに相手を求めているらしく、独りで暮らせるようには作られていないことを知らされた。

『播磨灘物語　三』

◈

「快適にその日その日を生きたい、という欲求が、人間ならたれにでもある。あらねばならんし、この欲求を相互に守り、相互に傷つけることをしない、というのが、日常というもののもとのもとなるものだ」

だから、群居している人間の仲間で、行儀作法が発達した。行儀作法は相手にとっての快感のためにあるのだ、と良順はいう。

「人間が、人間にとってトゲになったり、ちょっとした所作のために不愉快な存在になることはよくない」

『胡蝶の夢　二』

◈

生活に退屈しはじめると、こまごまと他人の意の内のうごきに興がおこるものだ。

『風の武士　上』

◈

「それは昔のこと」

「昔とはいわさぬ。わずか十四、五年前のことを昔といえるか」

「世の中が変化すれば、変化したそのときを境にそれ以前を昔というのだ。歳月ではない」

『城塞　上』

◈

「親切」

というのは、愛欲などといったような人間の本能とはべつの系列の感情と行為である。親切は、人間のくらしの日常のなかで、さまざまな数奇を生む要素かと思われる。ふつう日本社会にあっては軽度な親切はあっても、身を破滅させるほどにそれをつらぬく例はすくない。

『菜の花の沖　五』

◈

やがて時勢論にも飽き、竜馬の奇抜な人間譚《だん》がはじまった。

「年上の人を相手に猥談《わいだん》をしちゃならん」

と、竜馬は妙なことをいった。

もともと竜馬は独特の話術のもちぬしで、天下国家を論ずるときも男女の卑俗な機微をたとえばなしに使う。大宰府でもそれをやり、三条実美卿をはじめ公卿衆をころがすほどに笑わせた。そのあと三条卿がその手記で、「坂本竜馬来る。偉人なり」と評価したからまだよいが、いつもこの手でうまくゆくとは竜馬はおもっていない。

「なぜです」

と慎蔵がきくと、竜馬は、

「図に乗って淫談戯論《いんだんぎろん》をするうちに、どうしてもその語中に見さげられるところが出てくる。年配者は、おもしろがりながらも心中、軽侮する」

猥談の節度がかんじんだ、その節度の感覚のある男ならなにをやっても大事を成せる男だ、わしのみるところ西郷は達人だな、と妙なことで西郷をほめた。


『竜馬がゆく　六』

◆

都市は機能である、といっても、機能は樹木のように自然に生《お》い育ちはしない。都市生活者みずからが作り、試行し、慣用し、改造する。あるいは変革し、ふたたび試行し慣用する。そういう営みの進行が都市である。

『ある運命について』（「大阪城公園駅」）

組織と将器

新選（撰）組のことを調べていたころ、血のにおいが鼻の奥に溜まって、やりきれなかった。ただこの組織の維持を担当した者に興味があった。新選組以前には、日本に組織といえるほどのものはなかったのではないかと漠然と考えていた。

あらためていうまでもなく、組織というのは、ある限定された目標をめざしてナイフのようにするどく、機械のように無駄なく構築された人為的共同体である。江戸期の藩というのはそうではない。『ある運命について』（「奇妙さ」）

◈

土方の新選組における思考法は、敵を倒すことよりも、味方の機能を精妙に、尖鋭《せんえい》なものにしていく、ということに考えが集中していく。これは同時代、あるいはそれ以前のひとびとが考えたことのない、おそるべき組織感覚です。個人のにおいのつよすぎるさむらいのなかからは、これは出てこないものです。

『手掘り日本史』（「歴史のなかの日常」）

◈

騎兵というものを考えてみたいと思います。これは、集団的に使うと非常に強い力を発揮する。そして、その機動性を生かすと、思わぬ作戦を立てることができる。反面、騎兵はガラスのようにもろくて、いったん敵にぶつかるとすぐ全滅したりもする。ですから、この機動性を生かして、はるか遠方の敵に奇襲をかけようという場合には、よほどの戦略構想と、チャンスを見抜く目をもたなければならない。天才だけが騎兵を運用できるわけです。

『手掘り日本史』（「歴史のなかの人間」）

◈

「敵のうごきは、本能寺ノ変により浮足立っております。これ自然の理ではありませぬか」

「敵のみを見ている」

「とは？」

「味方を見ぬ。そなたは敵という一面しか見ぬ。味方が見えぬのか。物の一面しか見えぬというのは若いのだ」

『夏草の賦　下』

◈

徳川体制というのは人間に等級をつけることによって成立している。身分（階級）を固有なものとし、それを固定することによって秩序を維持した。その人間がうまれついた固有の階級からそれより上の階級にのぼることは、ヨーロッパの封建体制ほどきびしくはなかったにせよ、きわめてまれな例外に属する。

ただ、ぬけみちがある。

庶民から侍階級になろうとおもえば、運動神経のある者なら剣客《けんかく》になればよい。そういう志望者のうち何万人に一人ぐらいというほどの率で、どこかの藩が剣術師範として召抱えてくれぬでもない。

『花神　上』

兵法の真髄はつねに精神を優位へ優位へととってゆくところにある。言いかえれば、恐怖の量を、敵よりもより少ない位置へ位置へともってゆくところにあるといえるであろう。

『十一番目の志士　上』

◈

将才のなかで、才能として分類できるものは、賭博の才しかないのではないか。あとは、性格として分類されるべきであろう。

まず、名将とは、人一倍、臆病でなければならない。臆病こそ敵を知る知恵の源泉というべきもので、相手の量と質、主将の性格、心理、あるいは常套戦法などについて執拗に収集する。ついで、自分の側の利点と欠点を考えぬくのである。

『韃靼疾風録　下』

◈

すぐれた謀略家にとって、謀略とはわざわざわなをつくりあげることではない。たまたま発生してくる事象を、それを材料として手もとへひきよせ、ごく自然にちかい作為を、ほんのわずかだけほどこすだけのことである。みえすいた作為をするのは、それは虚偽漢であって謀略家ではないであろう。

『夏草の賦　上』

運と才能

人間は、運という点ですこし植物に似ているかもしれない。

堺屋喜兵衛は、他の環境にうまれていれば、学者にでもなった人物だったろう。

が、学問のにおいのない淡路の漁村の小さな家にうまれ落ちた以上、そういう道をえらぶことは、ほぼ不可能だった。かれという種子が芽を出した土壌が漁村である以上、種子が他のところへ飛んで行っても結局は海でしごとをするしかなかった。

『菜の花の沖　二』

◆

封建時代とは、人が植物のようにその位置に植わっているということである。うまれもつかぬ土地に行って暮らすというのは、地方から江戸・大坂に出てくる以外、ほとんどありえない。

とくに城下町はそれぞれ文化的陰翳《いんえい》を異にし、他国者がそこにきて住むのは、精神的に困難であった。まして、

「御家中」

とよばれている家臣団の文化は、特殊なものである。気風、慣習その他は、その藩のその身分の家にうまれてこそ、身につく。寛斎の場合、関東の田舎にうまれただけでも異質な風土を背負っているというのに、貧農の家にうまれ、にわかに身分上昇して徳島の「御家中」では上士の礼遇をうけた。鰯《いわし》がいっぴきだけ飯蛸《いいだこ》のむれにまじってしまったというよりもさらに違和感はひどいかもしれない。

「人間というのは、柿の木のように移し替えがむずかしいものだ」

と、寛斎は、妻のお愛にも、そのことを覚悟して同化しろ、とさとしていたが、むしろ自分自身に言いきかせつづけている言葉でもあった。

◆『胡蝶の夢　三』

幕末、西郷は、幕府が勢いをもりかえした二つ（安政ノ大獄の時期と蛤御門ノ変のあと）の時期に、島にいた。もしこの時期に島にいなければ、西郷は、おそらく殺されていたであろう。

それを思うと西郷は、

——なにごとも天だ。

と、大きなものから受けている恩恵を思うのである。天が、西郷の命を温存させるために、かつその命を歴史のなかで有効に使うために遠島の運命をあたえたのであろう。

西郷は、そう感ずるようになっている。

『竜馬がゆく　六』

◈

「一人の才能が土を割って芽を出し、世に出てゆくには、多数の蔭の後援者が要るものなのだ。ところが才能とは光のようなものだな。ぼっと光っているのが目あきの目にはみえるのだ。見えた以上何とかしてやらなくちゃ、という気持がまわりにおこって、手のある者は手を貸し、金のある者は金を出して、その才能を世の中へ押し出してゆく」

『北斗の人』

◆

半兵衛の持論では、血族軍団にあっては、俊邁《しゅんまい》は兄ひとりでよく、弟というのは兄よりも能力がすぐれているべきではない。卓《すぐ》れておれば士卒は自然弟になつき、家中の統制がみだれるであろう。さらに弟は無欲でなければならぬ、というのが半兵衛の説であった。欲が深ければ、兄の家来の他の部将と功名をあらそい、それがために家中がみだれることが多い。そのふたつの点で、小一郎という若者は絵にかいたほどに、ほどがいい。

『豊臣家の人々』

◆

（世に、人物とはすくないものだ）

いざ事をおこそうとおもうとき、たれしもが思うなげきである。左右にふんだんに人材をそなえておれば、いかに土佐の片田舎から身をおこそうとも、北は奥州外ヶ浜から南は鬼界ヶ島まで攻めとることも容易なのである。

『夏草の賦　上』

集団としての人間

元来、子孫というものが先祖に対して責任をもつ必要はいっさいない。私どもこの世に一人存在しているのは、三百数十年前までさかのぼれば、その間《かん》、どれだけの血縁者を持つか、数学的に計算したこともないが、おそらく五十万人や百万人ではきかないであろう。それら無数の連中がやったであろう窃盗、殺人、姦淫、かどわかしから盗み食い、浮気にいたるまでそれをすべて子孫がひっかぶって気にせねばならぬとすれば、それはすでに立派な狂人であろう。

『余話として』（「話のくずかご――どこの馬の骨」）

◆

人間は孤立しては棲《す》めない生物でもある。アフリカのシマウマのように群れて棲み、社会をつくって生存を保つのだが、しかし都市生活はときに個々に孤立に似た状態を強いる。それに堪えられなくなったとき、たとえ短時間でも激しく群れたがる。

『人間の集団について』

◈

栗山は、官兵衛の前に立ちふさがっていた絶対の壁に、小さいながらも風穴をあけてくれた。官兵衛はその風穴を通して世間の景色を見ることができたし、それによって自分が置かれている位置を確かめることができた。見確かめたところで牢に居る以上どうすることもできないことであるのに、人間はそれだけで自分が人間であることを取りもどしたような気になる。

(人間というのは、関係のなかに居てはじめて存在するのだ)

と、官兵衛は、洞窟から陽のあたる広い野に這い出てきたような感動をもって、そのことがわかった。官兵衛はまだ人間関係のなかに復帰していないし、あるいは復帰することなく荒木村重に殺されてしまうかもしれないが、しかし自分に関した人間関係の配置や配置の情勢を知りえただけで、半ば牢内から飛翔しえたような気がしてきたのである。

『播磨灘物語　三』

◈

貴族は、ただ生きているだけでよい。累代、生きつづけてきた。しかしやがては、幾代目かのその首が血の祭壇に上せられねばならぬのが、いわば貴族の家系のこの世の役目のようなものである。

『国盗り物語　二』

◈

「見まわしたところ、それぞれすぐれた面魂《つらだましい》の男ばかりだ。一片の俠気義心《きようき》のために死をも辞せぬのが諸君であろう。しかしそれは、所詮《しよせん》はおのれの範囲を出ぬ。心を変えろ、心を。日本を背負う気になってみろ。その気になって背負えば、日本などは軽いものだ。いやそれがむしろかなしい。病み呆《ほう》けた老婆よりも軽い」

『竜馬がゆく　四』

◈

ナショナリズムというのは、民族主義とか国民、国家主義といったふうに、社会科学の用語として使われるばあい、あまりに輪郭が鮮明すぎてミもフタもなくなるが、本来ナショナリズムとはごく心情的なもので、どういう人間の感情にも濃淡の差こそあれ、それはある。

自分の属している村が、隣村の者からそしられたときに猛然とおこる感情がそれで、それ以上に複雑なものではないにしても、しかし人間の集団が他の集団に対抗するときにおこす大きなエネルギーの源にはこの感情がある。

『花神 上』

夢と生きがい

生死の差

「一生なんざ、機会《しお》できまるもんでさ」

『竜馬がゆく　二』

◆

竜馬はさらに一曲。

何をくよくよ川端柳
　水の流れを見て暮らす

人生流転《るてん》。
生死《しょうじ》はもと一つで、単に形を変えたものにすぎない。

『竜馬がゆく　三』

「生きるも死ぬも、物の一表現にすぎぬ。いちいちかかずらわっておれるものか。人間、事を成すか成さぬかだけを考えておればよいとおれは思うようになった」

『竜馬がゆく　六』

◆

「人間のいのちなんざ、使うときに使わねば意味がない」

『峠　上』

◆

「世の中というのは、これ、生きものだよ」

と、良運さんはいった。良運さんのいう世の中とは、社会という意味だろう。社会というのは生きもので、それを生かしめているのは、制度、法律、習慣、道徳の四つである。

「人間はえらそうな顔をして手前《てめえ》で生きているつもりだろうが、世の中に生かされているだけの生きものだよ」

「だから、どうなのだ」

継之助はいった。

「だからうかうか世の中を改革しようと思っちゃ、いけねえということだ。世の中の制度や習慣をうかつに触って弄《なぶ》っては、そこに住む人間が狂うか、死ぬ。人間どもはそうされまいと思って気ちがい沙汰《ざた》の抵抗をするよ」『峠　上』

◆

良順は、おどろいてしまった。かれはポンペを尊敬するあまり、この無償の努力をするオランダ人がなにか神に近い魂をもつ人のように思え、ひとびとがその功績を記憶するかどうかというそういう意味の有償を期待していないと思いこんでいただけに、ポンペの言葉は意外だった。しかし思いなおしてみると、ポンペはただ私など忘れられるでしょう、と感傷的に言っているにすぎないことがわかってきた。さらには人間の努力というのは大方そういう処遇をうけるものだし、それでいいのだ、という一種の哲学を自分自身に言いきかせている気配《けはい》のようでもあった。『胡蝶の夢　三』

「なぜ汝《うぬ》は」

と、正則はさらにいった。死なぬ。切腹をせぬ。縄目《なわめ》のはずかしめを受けておる。とたたみかけたが、三成は蒼白《そうはく》の顔をひきつらせ、うぬに英雄の心事がわかるか、と、みずからをもって英雄とよんだ。「英雄たるものは最後の瞬間まで生を思い、機会を待つものである」と言い、かつ、これは三成が声を大きくして叫びたいところであったが、

「人々の心の底を、この目で見て泉下《せんか》の太閤殿下に報告し奉る。正則、心得ておけ」

といった。

『関ケ原　下』

◈

「剣などは」

晋助は暗い表情でいった。

「つねにこうだ。つねにあやうい。絶対の強者などはない。わずかな太刀行き

（斬撃速度）の差で生死がある」

『十一番目の志士　上』

◆

「戦いは、運である。運がつき、国をほろぼし、家を絶やすという例は、本朝にも異朝にもめずらしいことではない。ただ心すべきことは、最後のふるまいのよしあしである。これにより、後世への名誉にも恥にもなる」

『播磨灘物語　三』

男子の本懐

幸村は、男はたれでも、自分の才能を世に問うてみたい本能をもっている、といった。男が世に生まれて生きる目的は、衣食をかせぐためではなく、その欲を満たしたいがためだ、ともいった。

「むろん、煎《せん》じつめれば、それも屁《へ》のようなものさ。しかし、その屁のようなものも当人にとってみれば、たいそうなことだ。ひらずに死ぬのかと思うと気が狂いそうになる」

『風神の門 上』

◆

認識は、わけ知りをつくるだけであった。

わけ知りには、志がない。志がないところに、社会の前進はないのである。

志というものは、現実からわずかばかり宙に浮くだけに、花がそうであるように、香気がある。

『菜の花の沖　三』

◆

思想というのは要するに論理化された夢想または空想であり、本来はまぼろしである。それを信じ、それをかつぎ、そのまぼろしを実現しようという狂信狂態の徒（信徒もまた、思想的体質者であろう）が出てはじめて虹《にじ》のようなあざやかさを示す。思想が思想になるにはそれを神体のようにかつぎあげてわめきまわる物狂いの徒が必要なのであり、松陰の弟子では久坂玄瑞がそういう体質をもっていた。要は、体質なのである。松陰が「久坂こそ自分の後継者」とおもっていたのはその体質を見ぬいたからであろう。思想を受容する者は、狂信しなければ思想をうけとめることはできない。

『世に棲む日日　二』

◆

狂とは、イデオロギーへの殉教性というべきものであった。思想集団でなければこの大軍のなかに突入できるものではなく、突入すればむろん死が待っていた。長州兵は、すでに鍋島閑叟が考えているような戦国の毛利兵ではなかった。淵源を松陰に発した思想の戦慄性が、長州人集団をここまで熱狂させるにいたった。人間はときに集団としての発狂を欲する動物なのかもしれないが、それにしてもその発狂のための昂奮剤は思想でなければならない。思想というものにこれほどまでの大昂奮を示したのは、日本史上こんにちにいたるまで幕末の長州人集団しか存在しない。それが松陰の影響によるものか、それとも長州人の固有の精神体質なのか、おそらくその二つと政治大緊張とがきわめて強力に配合されての現象に相違ない。

『世に棲む日日　三』

◆

「何度もいうが、人間には志というものがある。妄執と申してもよい。この妄執の味が人生の味じゃ。わしの妄執は、稲妻を小さな皿に盛ろうとするに似ている。この清冽《せいれつ》な味は、おぬしら人生の遊び人にはついにわかるまい。わからぬことは口出しをせぬ方が智恵者じゃ」

『梟の城』

◆

「世は、絵でいえば、一幅の画布である。そこに筆をあげて絵をかく。なにを描くか、志をもってかく。それが志だ」

継之助の志とは、男子それぞれがもっている人生の主題《テーマ》というべきものであろう。どういう絵をかく、ということになれば主題があらねばならない。その主題をどのように描くということになれば工夫《モチーフ》が必要であろう。主題《テーマ》と工夫《モチーフ》というのが、継之助のいう志という意味であるらしい。　　　　『峠　上』

◈

「人のいのちは、何のためにあるか」

氏親《うじちか》は、きく。

「人の世に用立てるためにござる。子は親に尽すために存《そん》し、親は子を育てるために存し、あるじは妻のために存し、妻はあるじのために存しまする。ひとことにて申せば、人は人のために存するかと……」

早雲は、この齢になって、人が生きてゆくということはそのようなものだ、と思うようになっている。　　　　『箱根の坂　中』

◈

「戦国の武士には」

　竜馬はいった。

「おのれの男を立てることとおのれの功名を立てることしかなかった。くだって徳川氏全盛の世の武士は主君と藩への忠義しかない」

「ほ、ほ、……」

　西郷は目を見はった。この竜馬という男がこんなに議論するとはおもわなかったのである。

「いまはちがう。有志はそのココロザシに殉ずる時勢になっている。わしども土佐人を見なされ、すでに殿様を見かぎって自分のココロザシに殉ずるために天下へ出た。長州人たちも同然だ。脳中、毛利家はあるまい。日本と天朝のみがある。いま幕府がかれらを再征するとせよ。なるほど毛利家はつぶれるかもしれぬが、多数の長州人は天下に四散し、あくなく活躍するだろう。薩摩はそれをしも、討つか。日本は混乱し、血と泥の国土になるにちがいない」


『竜馬がゆく　六』

◈

竜馬は、

「人生は一場《いちじょう》の芝居だというが」

と、かつていったことがある。

「芝居とちがう点が、大きくある。芝居の役者のばあいは、舞台は他人が作ってくれる。なまの人生は、自分で、自分のがらに適《かな》う舞台をこつこつ作って、そのうえで芝居をするのだ。他人が舞台を作ってくれやせぬ」

どうやら、竜馬がその上で芝居をすべき舞台が、そろそろ出来あがりつつあるらしい。

『竜馬がゆく　三』

一生の算段

「わからぬ。なぜおれはこの虚弱な体をもかえりみずに働くのか。なぜ大汗をかいて合戦をし、調略をし、敵を追い、領土をひろげようとするのか自分でもわからぬ。いやいや、たれにもわかるまい。おそらく一生の最後あたりになって、ふとなにやら、わかるような気がするのではないか」

『夏草の賦　上』

◈

ひとは、利に貪欲なのではない。

「名誉に貪欲なのだ」

と、元親はいった。戦場においてひとびとが勇敢であるのは、自分の名誉をかけているのである。名誉は、利で量《はか》られる。つまり戦場における能力と功名は、その知行地《ちぎょうち》の多いすくないではかられる。他人よりも寸土でも多ければそれだけ名誉であった。男はこの名誉のためにいのちをすら捨てる。

「それが、男といういきものだ」

と、元親はいった。

『夏草の賦　下』

◈

「男は夢のあるうちが花だな」

「左様な」

ことはございませぬ、と谷忠兵衛はなにかを言おうとしたが、元親はかぶりをふり、

「その時期だけが、男であるらしい。それ以後は、ただの飯をくう道具さ」

といった。

『夏草の賦　下』

◈

「志の高さ低さによって、男子の価値がきまる。このこと、いまさらおれがいうまでもあるまい。ただおれがいわねばならぬのは」

と、継之助は息をひそめた。

「志ほど、世に溶けやすくこわれやすくだけやすいものはないということだ」

『峠　上』

◈

「おれという人間は、自分の一生というものの大体の算段をつけて生きている。なるほどおれの家は少禄だし、おれの藩は小藩だが、小藩なだけに将来、藩はおれにたよって来ることになるだろう。なるほど同じ一生を送るにしても、婦女に鉄腸を溶かしてしまうのも一興かもしれぬ。しかし人間、ふた通りの生きかたはできぬものだ。おれはおれの算段どおりに生きねばならん」

その算段というのは、おそらく自分をして自分の中に英雄をつくりあげることを指すのであろう。

『王城の護衛者』（「英雄児」）

◈

「死ぬ？　おれは死なんよ」

竜馬は起きあがった。

「でも、人間はみな死ぬものでしょう？」

「いやおれもだんだんこのごろわかりかけてきたのだが、つまりこういうことではないか」

竜馬は自分に話しているらしい。

「大和の三上ケ岳《さんじょうたけ》という山は千何百年か前に役ノ小角《えんおづぬ》という男がひらいた山だそうだが、その山上に蔵王権現《ざおうごんげん》をまつるお堂があって、そこに役ノ小角がともして以来、千数百年不滅という燈明《とうみょう》がともりつづけている。人間、仕事の大小があっても、そういうものさ。たれかが灯を消さずに点《と》しつづけてゆく、そういう仕事をするのが、不滅の人間ということになる。西洋では、シビリ、シビリゼ……」

竜馬は、文明《シビリゼーション》という言葉をいおうとしているらしい。　『竜馬がゆく　四』

◆

「ばかだな、お前《まん》は。そういうことをいうちょるから、あたらそれほどの才分をもちながら人にばかにされるのだ。男は、喧嘩をするときには断乎喧嘩をするという大勇猛心をもっておらねば、いかに名論卓説を口にしていても、ひとは小才子としか見てくれぬぞ」　『竜馬がゆく　六』

◈

（一寸さきは闇だとはよく言ったものだ）

竜馬は、お遍路の来る国にうまれたから、その種の陳腐な言葉は百ダースほどきかされて育った。人生は無明長夜《むみようちようや》であると。

（なるほど無明長夜であるな）

夜天を見ている。ときどき星を吹きとばすような黒い風が、轟《ごう》っ、とうなりをあげて天を吹きすぎてゆく。

（しかし、あれだな）

竜馬は、自問自答した。

（無明長夜であるからといって、路傍に腰をおろすこともなるまい。おれは歩きつづけてゆかねばならん）　『竜馬がゆく　六』

◈

仕事というものは騎手と馬の関係だ、と竜馬は、ときに物哀しくもそう思う。いかに馬術の名人でもおいぼれ馬に乗ってはどうにもならない。少々へたな騎手でも駿馬《しゅんめ》にまたがれば千里も征《ゆ》けるのだ。桂や広沢における長州藩、西郷や大久保、五代、黒田における薩摩藩は、いずれも千里の良馬である。土州浪士中岡慎太郎にいたっては、馬さえないではないか。徒歩でかけまわっているようなものだ。

（男の不幸は、馬を得るか得ぬかにある）

『竜馬がゆく・七』

戦略とかけひき

しかし、人間の集団には、狩猟社会というものもある。百人なら百人というものが、獲物の偵察、射手、勢子《せこ》といったぐあいにそれぞれの部署ではたらき、それぞれが全体の一目標のために機能化し、そしてその組織をもっとも有効にうごかす者として指揮者があり、指揮者の参謀がいる。こういう社会では、人間の有能無能が問われた。

軍隊が、それに似ている。

『坂の上の雲　四』

◆

当の韓信は、自分を影のような人間だとおもっている。

さほどに生存欲はなく、まして出世欲などはない。といって厭世《えんせい》家ではなく、ただひたすらに自分の脳裏に湧《わ》いては消える無数の戦局をほんものの大地と生命群を藉《か》りることによって実現してみたいということだけが、この世で果たしたい希望であった。想像の上の戦局では韓信はつねに勝った。これを実際にやってみないかぎり想像は湧きつづけるばかりであり、湧くということはとめようがなく、すてておけばあたまが割れてしまうのではないかとさえ思っている。

『項羽と劉邦　中』

◆

児玉は過去に何度も経験したが、専門家にきくと、十中八九、

「それはできません」

という答えを受けた。かれらの思考範囲が、いかに狭いかを、児玉は痛感していた。児玉はかつて参謀本部で、

「諸君はきのうの専門家であるかもしれん。しかしあすの専門家ではない」

と、どなったことがある。専門知識というのは、ゆらい保守的なものであった。児玉は、そのことをよく知っていた。

（戦争という至上の要求が、重砲陣地のすみやかな転換と集中を命じているのだ。状況というものは、つねに専門家の思うつぼにはまってくれぬ。重砲陣地

の転換と集中ができねば、日露戦争そのものが負けるのだ)

と、児玉はおもっている。その課題への緊張が、この男の気魄になっていた。

『坂の上の雲　五』

◈

うそは、誠実につかねばならない。だまそうとする場合、誠心誠意だまさねば——必要なら相手と心中するほどの覚悟でだまさねばだませるものではないことも、信長は知っていた。

『夏草の賦　上』

◈

「物事の自然を見るこそ、将の目というものだ。当家のやりかたは、時の運と理にかなうようにとやってきた。だからこそ毎度の勝利を得てきた。そなたはまだわかいゆえ、過去の勝利の結果のみを思い、土佐兵のむかうところ必ず勝つと錯覚している。勝つための準備、配慮にどれほどの時間と心労がついやされたかを見ぬ」

『夏草の賦　下』

やがて信長は、

「葉武者《はむしゃ》のことばだ」

と、わらいだした。つまり、元親が怒りのあまり、――武士の意地として四国返上はできぬ。これがためたとえ身がほろびようとも覚悟のまえである。

といったというその言葉を、信長は笑ったのである。信長にいわせればこれは武将のことばではない。武将というものは、意地を美徳とする武者どもとはちがい、あくまでもわが身の亡びざる道を考えるべきものである。元親は怒りのあまり、葉武者の心意気を叫んでしまったのであろう。

『夏草の賦　下』

◆

（たいした男ではない）

と、信長はおもった。

◆

（他流試合はむずかしいものだ）

と、周作はこのころには、人間を相手にするむずかしさという、剣外の智恵を肥らせはじめていた。

（かけひきが要る）

というのである。まず勝たねばならぬ。が平凡に勝っても相手はなかなかひきさがらないため、めだつほどの鮮やかな勝ちをとらねばならない。ところがめだつほどに勝ってしまえば相手の名誉を根こそぎにうばい、恨みを買うことになる。

『北斗の人』

人の世を動かすもの

大人になっても竜馬は一人で歩いている。ひとを手下にしようと思ったことは一度もなかったし、人の手下になろうとも思ったことがない。もともと城下の富裕な郷士の次男坊のうまれである。自然、権力欲というものが薄かった。ひとの上に立ちたい、という気持が、ほとんどなかったといっていい。

ところが、鍛冶橋の土佐藩邸詰めの若い下級武士たちが、ほんの眼と鼻のさきの桶町千葉に居候している脱藩浪人の竜馬をばかばかしいほど敬慕しはじめたのである。

(わからん)

その理由が竜馬にはわからない。竜馬だけではない。筆者にもわからない。いや、理由をあげれば、竜馬の人間、というこまごまとした分析になるかもしれないが、それだけでは、「人気」という人間社会のふしぎ、いやもう、奇怪といっていい現象を解くことはできないであろう。

『竜馬がゆく　三』

◈

（史上、名をのこす男だ。しかしながら一流の名は残すまい）

武市の謎なところである。その人物の格調の高さは薩摩の西郷に匹敵するであろう。その謀略のうまさは薩摩の大久保（利通）に肩をならべ、その教養は前両者よりも豊かで、しかもその人間的感化力は、長州の吉田松陰に及ばずとも似ている。が、もっとも重要なところで、武市はちがっている。

（仕事をあせるがままに、人殺しになったことだ。天誅、天誅というのは聞えはよいが、暗い。暗ければ民はついて来ぬ）

『竜馬がゆく　三』

◈

「殿は」

と、左近は、三成のそのきらびやかな欠点について、こう指摘した。

「人間に期待しすぎるようですな。武家はこうあるべし、大名はこうあるべし、恩を受けた者はこうあるべし、などと期待するところが手きびしい。人間かくあるべしとの理想の像が、殿のあたまにくっきりと出来あがっている。殿はそれをご自分にあてはめてゆかれるところ、尋常人《ただびと》とは思えぬほどにみごとでござるが、さらにその網を他人にまでかぶせようとなされ、その網をいやがったり、抜け出ようとしたりする者を、人非人《にんぴにん》としてはげしく攻撃あそばす」

「それがどうした」

と、三成は、左近にだけは温和に微笑する。

「ようござらんな」

左近は、三成のそういうけんらんたる欠点と長所が好きでたまらないのだが、人心を収攬《しゅうらん》してゆくばあい、どうであろう。『関ケ原　上』

◆

人間というのは、結局人間を見るのが好きだということですね。むかしの中国や東南アジアにゆくと、時間がゆるやかに流れていて、街角に終日《ひねもす》しゃがんでいる人がいました。ただひたすらに、往き来する人間を眺めているのです。

――なにがおもしろいのか。

と、もし質問するとすれば、きっと、きまってるじゃないか、と答えてくれるでしょう。人間なんです、おもしろいのは。

（「まず、人間にとって芸とは何かについて　次いで『上方花舞台』についての簡略な紹介を」『ある運命について』）

◆

人間は、ただ存在しているだけでは、観賞に耐えるようなしろものではありません。いぎたなく大昼寝《おおひるね》をしている人間をわざわざ見にゆく人間もいないでしょう。仕事をしている人間は、美しい。それを見るために一時間も建築現場の穴ぼこのふちに立っている人もいます。

しかし、芸術化された人間の肉体と心を見る楽しみと緊張にくらべることができません。

（「まず、人間にとって芸とは何かについて　次いで『上方花舞台』についての簡略な紹介を」『ある運命について』）

◆

重蔵が考える秀吉は、ふしぎな運の恵まれ方をした。立身の運のみではない。それのみならば、足軽から身を起して信長の野戦軍司令官になるだけがせい一ぱいの限度であったろう。秀吉は天正十年六月亡主の仇を山崎で討った。同時に、亡主の子や家康、勝家などを差しおいて、亡主の地位に代ろうとした。事実上の簒奪者《さんだつしゃ》であるという点、光秀となんら変らない。しかし、亡主の部将たちは同僚の間から出たこの簒奪者に対して、きゅう然と従った。いつに、秀吉の力よりも秀吉が握っている金銀の力であったと重蔵は考えている。

『梟の城』

◈

「できるだけいんぎんにし、威に打たれたがごとくおびえ、小心にしろ」

といった。そうすればただささえ傲岸なあの男だけにずに乗り、羽柴方を軽侮し、いい気持になるであろう。

「春まで、あの男を馬鹿《ばか》にしておくのだ」

秀吉のいうところは、傲岸とは馬鹿の別称であるという。傲岸にかまえた心《こころ》根《ね》から智略などは思いうかばないという。春まで、できるだけ勝家を北方の覇《は》王《おう》としてふんぞりかえらしておかねばならない。

愛よりも欲望ではないか、と秀吉はいうのである。

——世を動かすのは欲望《これ》だ。

と、官兵衛に異を立てるようなことをいった。

◈

「さに候《そうら》わず」

と、官兵衛はいった。愛でござる。原理《もと》は愛でござる。筑前守どのに愛あればこそ播州三木城攻めにおいても因幡鳥取城攻めにおいても無用に敵を殺さず、味方を殺さず、まるで造物主のような工夫をもってころりと城をおとし給《たも》うた。それ以後、因幡と播州両国の人間どもは筑前守どのをしたい、まだ獲って間なしの新国《あらぐに》であるにもかかわらずそよともそよぎませぬ。この備前、備中の百姓どもも、その右両国における筑前守どののやりかたを聞き、筑前守どのの風《ふう》をしたい、安堵《あんど》しきっておればこそこのように土俵をかついであつまってくるのでありましょう。愛が原理でござる。それがもとにあったればこそ土民どもへの筑前守どのの調略がきいたのでござる。——要するに官兵衛は、欲望刺戟のやりかたは原理から出た技術にすぎず、この技術は神《でうす》も持っているという。だから欲望刺戟が天下統一の原理だとおもってはならぬという。

「わかった」

秀吉はあかるく叫び、官兵衛の長理屈を封じた。理屈というのはどうも、この勘のするどい男の体質に適《あ》わない。わかった、わかった、と官兵衛の肩を抱くようにたたいた。官兵衛にいわれずともそのくらいのことはわかっている。

『新史 太閤記 下』

この世で信じられるもの

やがて勝は、

「岡田君」

と、不快そうにいった。

「君は、人を斬ることを嗜《たしな》んでいるようだが、大丈夫《だいじょうぶ》たる者の道ではない。大丈夫という者は、人に斬られても人を斬らぬものだ」

「……？」

「今後は、いまのような行動を改めたほうがよい」

「勝先生」

と、以蔵は不服そうにいった。

「私にはわかりません。いや、たったいまこのことについて申せば、あのときもし私がいなければ、先生の首は飛んでいたでしょう」

う。

(それもそうか)

説法《せっぽう》好きの勝は、うっかり自分の立場をわすれて説教してしまっている。

晩年、勝は、このときのことを話すたびに、

「これにはおれも一言もなかったよ」

と苦笑した。勝がいいたかったのは、一人の生命と一国の生命とはおなじ重さだ、ということだったのだが、以蔵はついにわからずじまいで、そのみじかい生涯をおわった。

『竜馬がゆく　三』

◈

正義という多分に剣と血のにおいのする自己貫徹的精神は、善とか善人とべつの世界に属している。筆者などは善人になれなくてもできるだけ無害な存在として生きたいとねがっているが、正義という電球が脳の中に輝いてしまった人間は、極端に殉教者になるか、極端に加害者にならざるをえない。正義の反対概念は邪義であり、邪義を斃《たお》さないかぎりは、自己の正義が成立しようもないからである。

『ある運命について』(「奇妙さ」)

長州人は、同時代の他の日本人とくらべて、きわだった癖《へき》をもっている。
「正義好き」
ということであった。

◆

正義というのは、人間が人間社会を維持しようとして生みだしたもっとも偉大な虚構といえるかもしれない。たしかに自然と現実からみれば、虚構にすぎない。が、その虚構なしに人間はその社会を維持できないという強迫観念をもっている。

『花神　下』

◆

人の一生はわずかなものじゃ。わしはわが身を利することでこの世を送りとうはない。

『菜の花の沖　二』

◆

そういう下層の民は、いままでのような神仏があってはこまるのである。猟師や漁師は殺生をせねば一日も暮されぬ連中であり、貧乏百姓も、子をうんでは間引いて殺している。この連中がその殺生のゆえに極楽へゆけぬとなれば、救われようがない。生きて貧窮にあえぎ、死んで地獄にあえぐとなれば立つ瀬がないではないか。親鸞・蓮如の汎神論を否定したほとんど無神論のにおいさえもつ教義は、乱世のなかで大きく迎えられたのは当然であろう。『妖怪』

◈

「ある女を、どこかへ連れてゆけ」

「殺すのでございますか」

「めったなことをいうな」

と、勝光は顔色を変えた。剛胆のようにみえてこの公卿《くげ》もやはり公卿らしいところがあるのは、人を殺すことがきらいらしい。

怨霊《おんりよう》のたたりをおそれるのである。公卿はすべてそうで、公卿が政治をとっていた王朝の全盛期には死刑もなかった。人がやたらと殺されるようになったのは保元・平治の乱や源平争乱以降のことである。人間が人間を虐殺するようになったのは武家が権力をにぎってからである。『妖怪』

（人は、大人になると、子供のころより劣ってしまうのではないか）
と思うこともある。

子供がもっている好奇心や物事に無我夢中になる心を大人になっても多量に残している人間がすくないのではないか、と嘉兵衛は、薄ぼんやりしたイメージながら思っている。

『菜の花の沖　二』

◈

日本と日本人

日本軍部の失敗

信じられないようなことだが、陸軍にあっては「戦車は戦車である以上、敵の戦車と等質である。防御力も攻撃力もおなじである」とされ、このふしぎな仮定に対し、参謀本部の総長といえども疑問をいだかなかった。現場の部隊でも同様であり、この子供でもわかる単純なことに疑問をいだくことは、暗黙の禁忌であった。戦車戦術の教本も実際の運用も、そういうフィクションの上に成立していたのである。じつに昭和前期の日本はおかしな国家であった。

『歴史と視点』(「石鳥居の垢」)

◆

戦術の要諦《ようたい》は、手練手管《てれんてくだ》ではない。日本人の古来の好みとして、小部隊をもって奇策縦横、大軍を翻弄《ほんろう》撃破するといったところに戦術があるとし、そのような奇功のぬしを名将としてきた。源義経の鵯越《ひよどりごえ》の奇襲や楠木正成の千早城の籠城戦《ろうじょうせん》などが日本人ごのみの典型であるだろう。

ところが織田信長やナポレオンがそうであるように、敵に倍する兵力と火力を予定戦場にあつめて敵を圧倒するということが戦術の大原則であり、名将というのはかぎられた兵力や火力をそのように主決戦場にあつめるという困難な課題について、内や外に対しあらゆる駈けひきをやり、いわば大奇術を演じてそれを実現しうる者をいうのである。あとは「大軍に兵法なし」といわれているように、戦いを運営してゆきさえすればいい。『坂の上の雲 二』

◈

敵よりも大いなる兵力を集結して敵を圧倒撃滅するというのは、古今東西を通じ常勝将軍といわれる者が確立し実行してきた鉄則であった。日本の織田信長も、わかいころの桶狭間《おけはざま》の奇襲の場合は例外とし、その後はすべて右の方法である。信長の凄味《すごみ》はそういうことであろう。かれはその生涯における最初のスタートを「寡《か》をもって衆を制する」式の奇襲戦法で切ったくせに、その後一度も自分のその成功を自己模倣しなかったことである。桶狭間奇襲は、百に一つの成功例であるということを、たれよりも実施者の信長自身が知っていたところに、信長という男の偉大さがあった。日本軍は、日露戦争の段階では、せっぱつまって立ちあがった桶狭間的状況の戦いであり、児玉の苦心もそこにあり、つねに寡をもって衆をやぶることに腐心した。

が、その後の日本陸軍の歴代首脳がいかに無能であったかということは、この日露戦争という全体が「桶狭間」的宿命にあった戦いで勝利を得たことを先例としてしまったことである。陸軍の崩壊まで日本陸軍は桶狭間式で終始した。

『坂の上の雲　四』

◈

「日本の兵器は、この程度でいい」という無意識の規定は、日本陸軍が消滅するまでつづき、機械力の不足は精神力でおぎなうという一種華麗で酔狂な夢想――茶道の精神美にかようような――に酔いつづけるというふしぎな伝統が属性としてこびりついてくるが、むろんこういう形而上的軍隊観は日露戦争のころには存在しない。『坂の上の雲　七』

太平洋戦争のベルは、肉体をもたない煙のような「上司」もしくはその「会議」というものが押したのである。そのベルが押されたために幾百万の日本人が死んだが、しかしそれを押した実質的責任者はどこにもいない。東条英機という当時の首相は、単に「上司」というきわめて抽象的な存在にすぎないのである。

『世に棲む日日 三』

◈

西洋の軍人のことばだが、「歴史は、軍人どもが戦術を転換したがらないことを示している」というのだ。職業軍人というものは、古今東西、頑固《がんこ》な伝統主義であり、愚にもつかぬ経験主義者である。太平洋戦における日本軍の指揮官が、いったん負けた戦法をその後もくりかえし使って、アメリカ軍を苦笑させた。そういうことをいうのであろう。が、「しかしながら」と、この言葉はつづく。「と同時に、歴史は、戦術転換を断行した軍人が必ず勝つことを示している」

『国盗り物語 一』

◈

◈私は、兵隊にとられている間じゅう、日本の国というものについていまなお言いあらわしようのない疑問を持っていたが、敗戦後、戦後社会がやってきたとき、ひどく明るい世界に出たような気がし、敗戦を、結果として革命と同質のものとして理解する気分にとりつかれた。いまでもその気持が変わらないが、よく考えてみると、敗戦でつぶされたのは陸海軍の諸機構と内務省だけであった。追われた官吏たちも軍人だけで、内務省官吏は官にのこり、他の省はことごとく残された。

『翔ぶが如く　十』

日本の支配層

大名というものは、自分で智恵を働かしたり、体を自分の意志で動かしたりすることは、禁物であった。大名はただそこに存在していることだけが大事で、あとのことはすべて家来がやってくれる。自邸の廊下を歩くにも、案内者が先導する。自分の意志で、自分のゆくべき方向を決めることは、厠《かわや》へゆく以外にはない。日本にあっては、貴族の本質はあくまでも権威の象徴であり、個人的能力ではない。能力はすべて下の者がうけもつ。『世に棲む日日 四』

◆

よく指摘されるように、徳川権力を運営する役目は、与党大名である譜代大名だけにしか与えられておりません。島津氏や毛利氏、あるいは加賀の前田氏や奥州の伊達氏が、いかに大きな封地《ほうち》をあたえられていても、老中（閣僚）や若年寄（局長）になることはできません。准譜代にも、その資格はありません。与党にのみ、閣僚になったりその他の役人になったりする資格があたえられています。こういう点からみれば、「外様には大封をあたえる。しかし日本国の政治にはタッチさせない。一方、譜代には小封しかあたえないが、しかし国政の運営権をあたえる」という構造の二重性がありありとうかがえます。権力についての日本的風土の実態はこの角度からもよく見えるはずであります。

『余話として』（「日本的権力について」）

◆

人間社会の文化がある程度熟成すると、文化のより高所にあこがれるところがあるらしい。

日本社会は、ふるくから、首都が上流の貯水池に水が貯えられるようにして文化を所有し、それを下――田舎――へ灌漑するように撒《ま》くというかたちをとって熟成してきた。

このため、首都の文化的優位はむしろ孤立しているといっていいほどに異常であった。奈良朝、平安朝、それに室町期ごろまでの田舎は、夷《ひな》の語感でとらえられていたことはその消息をよくあらわしている。

『菜の花の沖　三』

◆

日本史においては、大流民現象がなかったために、それに見合う首領もいなかったし、従って政治哲学や政策論の過剰な生産もなかった。有史以来の最大の乱世といわれる室町《むろまち》期にあっては、政治とかかわりなく農業生産が飛躍した。このことを思うと、日本史でいう英雄とは、中国史におけるその定義にあてはまる存在ではないらしい。同時に、日本にあっては中国皇帝のような強大な権力が成立したことがないということについても、この基盤の相違のなかからなにごとかを窺《うかが》うことができそうである。

『項羽と劉邦　下』

◆

思想は絶対的な価値というものを体系化するわけですからね。もっとかみ砕いていえば、人間を飼い馴らしするシステムなんでしょう。もうちょっといいかえると、人間というものは飼い馴らさなきゃ猛獣であって、飼い馴らされてはじめて社会を構成する人間たりうる。そういう知恵を持った民族が、それをつくり上げたわけですね。

ところが、ぼくらは盆地に住んでいて、しかもお粥腹《かゆばら》で二千年ほどやってきましたから猛獣になるほどのエネルギーはない。その上、飼い馴らされなくても、たいして悪事はできない。だから、飼い馴らしのシステムが入ったことがない。

『八人との対話』(「日本人とリアリズム」)

◈

昭和三十年代の終わりごろから、土地を公有にしなければ日本はどうにもならなくなるのではないかと思うようになりました。国民経済もめちゃめちゃになるし、人間が世の中を組んでゆくために最低限必要なモラルもひからびてゆくし、自然は破壊されるし、町はきたなくなるし、公害というものが出てくるし、バスの停留所でかたまって待っている人々の顔に、かつての日本人の面差しにはなかった卑しさが出ているし、これじゃ、こういう世間の中で自分自身が生きてゆけないと思いはじめたのです。世間が前代未聞に悪くなったことについて、いろんな原因をいう人があります。天皇制が悪いという人もあれば、戦後教育がよくないとか、高度成長によるはかりしれない破壊と頽廃であるとか、みなもっともなことですが、しかしもっと足もとのそれも底の底に問題があるんじゃないかと思いはじめました。土地の不安定さに根源があるのではないか。——私はあまり一つ事に囚われないたちなのですが——すべてそこから出てそこへもどるんじゃないかと思ったりしました。

『土地と日本人』（「所有の思想」）

◆

資本主義は本来、物をつくって売って利潤を得ることなのに、しっかり者の社長たちが企業を引きずって、それ以外のことでもうけはじめた。それが日本の経済をめちゃくちゃにし、人心をも荒らしてしまったということがある。

『土地と日本人』（「現代資本主義を掘り崩す土地問題」）

サムライの国

小さな躾けでいえば、侍は雨が降っても走らない。そして、道の真んなかを歩く。雨に濡れないように軒先を歩くのは、見ていて浅ましいものでしょう。曲がり角など、直角に曲がるそうですな。直角に曲がるのが侍というものなんです。

ぼくらはちょっとでも早道しようと、角のほうをさっと曲がりますけれど、侍はそれをしない。つまり、侍には、どうやればシビライズドされた人間ができるか、つまらないことまできちんとした取り決めがあったわけですね。それらが集積して、普遍化していくと、文明の姿となる。

『歴史を考える』（「日本人よ〝侍〟に還れ」）

◆

江戸期の武士という、ナマな人間というより多分に抽象性に富んだ人格をつくりあげている要素のひとつは禅であった。禅はこの世を仮宅であると見、生命をふくめてすべての現象はまぼろしにすぎず、かといってニヒリズムは野狐《やこ》禅《ぜん》であり、宇宙の真如に参加することによってのみ真の人間になるということを教えた。

この日本的に理解された禅のほかに、日本的に理解された儒教とくに朱子学が江戸期の武士をつくった。朱子学によって江戸期の武士は志《こころざし》というものを知った。朱子学が江戸期の武士に教えたことは端的にいえば人生の大事は志であるということ以外になかったかもしれない。志とは、経世の志のことである。世のためにのみ自分の生命を用い、たとえ肉体がくだかれても悔いがない、というもので、禅から得た仮宅思想と儒教から得た志の思想が、両要素ともきわめて単純化されて江戸期の武士という像をつくりあげた。

『翔ぶが如く　一』

◆

江戸期には、武士の社会では幕臣・藩士を問わず、同役仲間であらたに家督を継いで若い者がその役についた場合、古い者が痛烈にいじめつくすわけで、いじめ方に伝統の型があった。この点、お店《たな》の者や職人の世界から、あるいは牢屋の中にいたるまですこしも変わりがない。日本の精神文化のなかでもっとも重要なものの一つかもしれない。

『菜の花の沖　二』

◈

幕末期に完成した武士という人間像は、日本人がうみだした、多少奇形であるにしてもその結晶のみごとさにおいて人間の芸術品とまでいえるように思える。しかもこの種の人間は、個人的物欲を肯定する戦国期や、あるいは西洋にはうまれなかった。サムライという日本語が幕末期からいまなお世界語でありつづけているというのは、かれらが両刀を帯びてチャンバラをするからではなく、類型のない美的人間ということで世界がめずらしがったのであろう。また明治後のカッコワルイ日本人が、ときに自分のカッコワルサに自己嫌悪《けんお》をもつとき、かつての同じ日本人がサムライというものをうみだしたことを思いなおして、かろうじて自信を回復しようとするのもそれであろう。

『峠　下』

人間は自然の状態では悪であり、馬鹿《ばか》であり、臆病であり、恐怖の前にはどうすることもできないいきものだと最初からきめつけてかかり、そういう上に組みあげて行ったのが洋式軍隊というものだと継之助はいう。

「まったく、妙だ」

と、継之助はそういう。日本の武士は源平時代の華麗な武者のすがたが原型になっている。人間のいさぎよさ、美しさを信じた上で成立しているのが、日本の軍法である。

『峠　下』

◆

「死にましょう。かれらの手にかかって死ぬより、ここで腹を切りましょう」

「腹をな」

竜馬はにやにや笑った。

「おれの国のやつの欠点さ。なにかというと腹を切ったり斬り死したり、死をいそぎたがる。君は長州人のくせに、言うことをきいていると土佐っぽのよう

◆

だ」

「しかし武士らしく」

「芝居ならそこで紅涙をしぼるところだ。しかしおれはまだまだやらねばならぬことがある。おれがいますこし世の中におらねば、日本はどうもならぬわい」

『竜馬がゆく　六』

◈

武士の道徳は、煮つめてしまえばたった一つの徳目に落ちつくであろう。潔《いさぎよ》さ、ということだ。

盗賊を働いてもいい。殺人をおかしてもいい。それらの罪は世の法によって検断されるが、たとえ検断されても武士の武士たる所以《ゆえん》のものはほろびはしない。それがほろび去るのは、その法を犯した者が、潔くなくなる瞬間からであった。

『竜馬がゆく　六』

◈

「武士は百姓になっても商人になるな」

というのは、江戸期の武士社会で一般にいわれたことで、武士の源流がもともと平安末期の農民であり、戦国期でも一般に兵農は分離していなかったという関係からみて、内職に百姓仕事をするのは本卦《ほんけ》がえりだからいいという。しかし商人の仕事をするな、といわれた。このため江戸期に都市生活をしている武士は耕作ができないために、手内職をした。手内職なら武士の精神をゆがめたりすることはないが商業ばかりは武士の心をそこなうというのである。

『翔ぶが如く　四』

◈

「刀は武士の魂ではない」

と竜馬は、眼をすえていった。

「道具にすぎぬ。道具を魂などと教えこんできたのは、徳川三百年の教育です。戦国の武士は刀を消耗品と心得、人によっては何本も用意して戦場に出、折れれば捨て、脂《あぶら》で切れ渇《や》めば砥石《といし》でごしごしといで使った」

『竜馬がゆく　三』

この国の不思議なかたち

兵隊にとられる前に、そういう運命の学生が、よく大和路を歩いていた。死ぬ前に大和を見ておきたいということであったろうし、それ以外に、自分に対してなにごとかを言いきかせるつもりもあったろうと思われる。

「何のために死ぬのかわからないが、大和を歩いていて、気持がすこししずまった感じがする」

と、私と同じ寝室だった男がいったことがある。口に出していうとあざとくなるが、強いて言えばこの国原《くにばら》の美しさを守るためだということだったのではないか。

『歴史の世界から』（「国しのびの大和路」）

◈

私は偶然、日本人にうまれた。ただ市役所に私の戸籍謄本があるというだけのことで私は日本国に属し、それだけの理由で日本のことを知っているかのような錯覚をもっている。多くの日本人も私と似たような錯覚をもっているにちがいなく、ときどきそれが錯覚にすぎないということに気付いて愕然《がくぜん》とするという点でも、他の多くの日本人とおなじである。

『日本人と日本文化』（「はしがき」）

◆

「日本」

何というふしぎな国であろう。

歴史的結果としての日本は、世界のなかできわだった異国というべき国だった。国際社会や一国が置かれた環境など、いっさい顧慮しない伝統をもち、さらには、外国を顧慮しないということが正義であるというまでにいびつになっている。外国を顧慮することは、腰抜けであり、ときには国を売った者としてしか見られない。

『菜の花の沖　六』

◆

日本人はその居住環境がせまく、人口が多く、競争がはげしいせいか、道具、ことに新奇な道具に対する好奇心が、ほとんど異常なほどにつよい。銃がその端的な例であった。

この日本人の民族的性癖を、もっともおそれたのは徳川家康とその幕府であった。

徳川幕府は、兵器だけでなく、ノミやカンナ、駕籠《かご》などの乗物にいたるまであらゆる道具の様式を凍結し、「新奇なもの」はゆるさず、諸道具の開発は国家に対する最大の罪悪として禁じ、それによって徳川体制をまもろうとした。その禁が、ペリー来航以来、幕府にとってきわめて不幸なことにゆるまざるをえなくなり、やがてこの民族の民族的好奇心が爆発的な膨脹をみせるにいたるのが、幕末である。『花神　中』

◈

私見をはさむと、日本文化は室町期も江戸期も好事家の文化であった。室町期では好事のことを数奇《すき》といい、江戸期では道楽といい、家をうしない身をほろぼすとされた。西行も芭蕉《ばしょう》も本居宣長《もとおりのりなが》も富永仲基《なかもと》も山片蟠桃《やまがたばんとう》もなにごとかトクになるためにそれをやったのではなく、好事への傾斜につき動かされて生涯《しょうがい》を了《お》えた。この傾向は、アジアの他の地域にはあまり見られない。『草原の記』

◆

日本人、という語は、日本語のなかですでに千数百年の古さをもっているくせに、この当時はひどくみずみずしい一種の流行語として攘夷主義の志士のあいだで使われていた。嘉永六年「洋夷」との交渉がはじまってから、この民族呼称は、にわかに実用語になったのである。それまでのこの国の住民は、生《しょう》涯《がい》この単語をつかわずに死ぬ、というのが普通であった。日本史は幸福な数千年をもった。徳川時代史も、この言葉が使われるまでは、幸福であった。

『馬上少年過ぐ』(「慶応長崎事件」)

◆

日本史の奇跡は、宦官が一度も存在しなかったことである。

その理由は、よくわからない。

ひとつは、日本においては、平安朝も武家の時代も、後宮は女官によって運営されていた。ことさらに去勢した男子を用いなくても、女子に物事の運営能力があったということだろうか。

『箱根の坂　上』

◈

ドライブウェイを走っていて、今まで左手に海が見えていたのに、にわかに陸地が見えてきたとします。日本人なら勘がいいので、「これは小さな岬にすぎない」と思って通り過ぎるけれど、外国の学者は、車を止めて、念を入れるために向こうまで歩いて行く。ところが、結果としてとんでもない大陸だったりすることがあるのではないでしょうか。歩いてみなければわからないし、百にひとつも当たらないかもしれない。日本人の勘は九九パーセント正しいんですけれども、あとの一パーセントで差がついているようにも思います。執念深さというのは、どうも向こうのほうがお家芸のように思ったりしますが。

『八人との対話』（「日本人は精神の電池を入れ直せ」）

諸外国と日本

日本と日本人は、国際世論のなかではつねに無視されるか、気味悪がられるか、あるいははっきりと嫌悪されるかのどちらかであった。『坂の上の雲　七』

◈

日本人は、孤絶した地理的環境に生きている。

ヨーロッパ大陸の諸国は、印欧語族という一つ言語をもち、国家といってもその方言ごとに国をたてているだけで、それぞれの文化や社会体制も各国ごとに多少の地方的差異があるにせよ、ほぼ均一性をもっている。かれらは庶民にいたるまで自国と他国と比較することが簡単で、げんに日常的にそのことがおこなわれてきている。ヨーロッパにおける外交はあくまでもそういう人文地理的現実の上に成立しているものであり、技術にすぎない。

繰りかえすようだが、外交は一国の利害で割りきられた政治技術の範囲を出ることがないのである。孤絶した環境にある日本においては、外交は利害計算の技術よりも、多分に呪術性もしくは魔術性をもったものであった。『翔ぶが如く 一』

◈

「日本人はその主君に対して忠誠心がない」と、戦国期に渡来した南蛮の宣教師がローマへ書き送った報告書のなかで語られている。「機会さえあれば主君の座をうばったり、敵に通じて寝返ったりする」という、その観察は、多くの実例があるために不当であるとはいえない。家康はこの日本人に忠誠の倫理を教えるために儒教をとり入れ、やがて江戸教養時代がはじまるのだが、且元は南蛮人が指摘した観察の実例たるべき人物であった。

かれはもっと早くうまれているべきであったであろう。戦国乱世のまっただなかならば且元のような人物は多く、その裏切りもからりとして乾いている。ところが且元は乱世最後の裏切り者というべき存在で、その晩年は不幸にも忠誠教育時代の江戸期に入っていたため、家康の砲兵に秀頼のありかを教えるまでのことをしながら、そのくせ道徳的煩悶《はんもん》にもだえねばならなかった。

『城塞　上』

◆

「悪とは何ぞや」

陶芸家はここで懸命の演説をぶとうとしたが、しかし語学力がついてゆかなかった。というよりも、相手に対する誤解をいよいよ深めることになる、と用心した。陶芸家がいいたかったのは、人間というのは存在そのものが悪なのだ、ということであり、法然や親鸞の言葉を持ち出そうとも思った。人間は道を歩けばアリを踏みころす。生きてゆくためにはおなじ生物仲間の魚介を殺して食わねばならない。本来殺生戒《せっしょうかい》という大悪を犯さずには生きてゆけないのである。それをせずに生きられる者のみが善人であるが、善人というのは果たしてこの地上にいるか、善悪をつきつめればそれほどむずかしいものである。日本の簡素な仏教はそういう善悪観の上に立っている、と言いたかった。しかし善悪についての考えのちがう回教徒を相手にこんなことをいえばどういう騒ぎになるか知れたものではない。

『歴史の舞台』（「友人の旅の話」）

◆

ただし、絶対的な崇拝の対象になる政治家を持つのが人類の幸福であるのか、それとも政治家たちを自分たちの脚下に見おろして罵倒する自由をもつのが人類の幸福であるのか、このことは人類にとって永遠に解決できない課題であるに相違なく、ひるがえって私の好みをいえば、むろん後者である。

ただ、ついでながら、生きた人間を同時代人が過度に崇拝するというのは、われわれ人類は近代というもののおかげでやっと克服できた。日本人も、生きた人間を過度に崇拝することによる惨禍をいやになるほど体験し、やっと常人ばかりがいる社会をもつことができた。ただし、中国におけるような「聖人」を持つ体験を日本人は一度もしたことがなく、荻生徂徠が歎いたように「わが国には聖人が出ない」という風土であるのかもしれない。

『長安から北京へ』

江戸と明治

江戸的身分制は、ほとんど数学的としかいえないほどに多様かつ微細に上下関係の差が組みあわされている。ひとびとは相手が自分より上か下かを即座に判断し、相手が下ならば自分の体まで大きく見せ、上ならば体を小さくして卑屈になる。そういう伸縮の感覚が、江戸社会に暮らす上で重要な芸になっていた。

『胡蝶の夢　四』

◈

「能力」というものだけでは、世の中はまわらない。それが、江戸封建制というものであった。武士は門閥や身分制の上にあぐらをかき、商人は株仲間という特権の上で安住して、関心と精力の多くを、武士なら組頭の気うけをよくし、特権商人なら役人との関係を円滑にするという社交についやしてきた。

このように品よくおさまった秩序社会にあってめざましく能力を発揮するというのは、それじたいが下品な印象をうけ、いかがわしく思われ、出る杭は打たれるという当時の諺《ことわざ》が示すように、結局は自滅することが多い。

『菜の花の沖　五』

◈

江戸期の幕藩体制というのは、ただそれ自体が存在するだけを目的としていた。藩機構のさまざまな部署も日常に事無からんことのみを目的とし、藩人個々の暮らしの意識も、先祖から相続してきた家禄・家格をつぎの代にゆずってゆくことだけを目的としていた。封建制というのは、そういうものであった。

『ある運命について』（「奇妙さ」）

◈

江戸体制について触れたい。徳川幕府というのは諸事自然の体を好むところがあり、変改を好まなかった。郷村についてもそうだった。基本的に郷村の制度を変えたということがない。

日本の郷村の過ぎ越しをふりかえってみると、古代、稲作がこの島々に入ったころは大権力が農村の垣を乗りこえて入ってくることはすくなかったろうが、鉄器農具の普及が古墳時代的大土豪を成立させ、やがて律令制の輸入とともに天皇家に統一された。郷村は天皇家とその側衆《そばしゅう》である貴族・高官および官寺に隷属し、奴隷の解釈をきびしくすれば、ぜんたいが奴隷であった。源頼朝の鎌倉体制は、この制度を半ば以上断ち切った。郷村を天皇や貴族たちから切り放して、「武士」という地主の土地所有権を安定させた。『翔ぶが如く　八』

◈

いまでも、京阪神のうどんやさんでは、北海道の利尻《りしり》か羅臼《らうす》の昆布をだしにつかう。どちらの味が濃いのかわすれたが、濃いほうを大阪のうどんやがつかい、淡白なほうを京都のうどんやがつかう。昌益の自然世の流儀ならうどんのなまの玉に海水でもぶっかけて食うべきで、できれば陶磁器の容器も用いてはならない。陶磁器は、江戸期、瀬戸から四方へ運ばれるものと、唐津《からつ》から運ばれるものなどがあり、水甕《みずがめ》など大型のものは、越前や備前の窯場《かまば》からほうぼうに運ばれたりした。職人、薪とり、土とり、商人あるいは船乗りなど無数の人間が、それらの容器を需要者にとどけるのである。

このような人と商品の動きは、世の中を、元来ひとびとがそこで自給自足してきた村落のレベルからはるかに広域なものにしてしまう。それらは社会の仕組みを複雑にし、結局は昌益のいうところの大乱をまねくもとになるのかもしれない。しかしそれでも昌益先生に従っていれば、私情でいうと、私は散歩の途中、うどんを食う楽しみをうしなう。強いてうどんを食えば、それだけで天下に大乱をひきおこしてしまうことになる。人の世というものをどう見るかということは、まことにむずかしい。

『菜の花の沖　四』

◆

世界的に有名な革命というのはすべて土地問題を解決している。ところが、明治維新も革命に入れるとしたら、明治維新だけが土地問題に手を触れずに過ごしたということが大きいです。

『土地と日本人』(「土地は公有にすべきもの」)

◆

明治は、日本人のなかに能力主義が復活した時代であった。能力主義という、この狩猟民族だけに必要な価値判定の基準は、日本人の遠祖が騎馬民族であったかどうかはべつにせよ、農耕主体のながい伝統のなかで眠らされてきた。途中、戦国の百年というのが、この遺伝体質をめざめさせた。そのなかでも極端に能力主義をとったのが織田軍団であり、その点の感覚のにぶい国々を征服した。能力主義の挫折は織田信長自身が自分の最期をもって証明したが、しかしかれがやった事業は、秀吉や光秀たちの能力伝説によって江戸期も語りつがれた。江戸期は、能力主義を大勢としては否定した時代で、否定することによって封建制というものは保たれ、日本人たちはふたたび農耕型の精神と生活にもどった。それが三百年近くつづき、明治になる。『坂の上の雲　八』

地方からの視点

さっき東北からスチュワーデスを採用しにくいという話が出ましたが、白河以北には敬語が少ないのですよ。敬語が少ないというのは茶道的接客には困るわけです。茶道というのは敬語を心得た上での座であり、互敬平等ですから、敬語を心得なかったら、お茶はこわれるわけだ。茶道は割合ややこしいところがありますね。

スチュワーデスに九州人が一番いいのはわかりますよ。九州人は封建時代をきちんと経ていますからね。江戸封建制というのは敬語の熟達制度です。この人にはこの敬語を使うというのが封建制度でしょう。それは九州人は心得ています。

『歴史の交差路にて』（「近代への足どり」）

◆

たとえば商売に失敗した、どん底におちたそういうオッサンが、ぼんやり路傍にすわっている。そこに通りかかった知り合いが、

「おい、オッサン、どうしたんや」

と問うと、オッサンは泣き笑いして、

「わいはもうあかんわ」

とこういえば、何やら自分をつきはなして、自分で自分を採点して、自分で自分をおかしがっているような、そういうアカンという感じが出てくる。涙のなかから自然にユーモアがにじみ出てくる。

こういうことばのあつみというか、そういうものは薩摩方言にも東北方言にも、どの土地の方言にもあるんです。本来、地方地方の生きたことばというのは襖《ふすま》の裏打ちと同じで、二重張りになっている。そのなかに粘液も入っていて、それがリアリティになっていく、というひどく生物的なところがあります。

『手掘り日本史』(「私の歴史小説」)

◈

薩摩人は、ほとんどこれは風土性とまでいえるが、心情的価値観として冷酷

を憎むことがはなはだしく、すべてに心優しくなければならないということを男子の性根の重要な価値としていた。このことは対人関係においてついひとの優しさに釣りこまれてゆくということにもなるが、川路にもそういうところがあり、たとえばかれの短い生涯を特徴づけていることの一つは、部下を一度も叱ったことがないということであった。　『翔ぶが如く　二』

◈

薩摩にあっては、侍が侍がましくなるには二つのことだけが必要だとされていた。

死ぬべきときに死ぬことと、敵に対しては人間としてのいたわりや優しさをもちつつも、闘争にいたればこれをあくまでも倒す。

この二つである。

これ以外の要求は、薩摩の士風教育ではなされていない。学芸の教養はあればあったでいいが、必要とはされなかった。むしろそれを身につけているために議論の多い人間になったり、自分の不潔な行動の弁解の道具にしたりすることがあれば、極度に排斥された。たとえ無学であっても薩摩ではすこしも不名誉にはならない。さわやかな人格でないということが薩摩にあっては極端に不名誉なのである。

薩摩士族は、八百年の歴史をもっている。その歴史はどの藩よりも長いが、そのなかで典型的薩摩人というのは、戦国期をのぞいては幕末にあらわれた桐野利秋かもしれない。

『翔ぶが如く　二』

◆

ふつう、薩摩ではひとびとを動かさねばならぬような重大事を決定する場合、上からそれを命ずることはすくないように思える。たとえ西郷がそれを思いついても、

「どうだ、これをやろう」

とは、決していわない。

西郷だけでなく、桐野や篠原といったような大幹部でさえ、みずから下命者になったりする場合はすくない。あくまでも下から盛りあがったかたちにしてゆくのである。

『翔ぶが如く　四』

「肥後人の理窟好き」

というのは天下に知られた通癖で、肥後人が十人集まれば十人とも意見が違うといわれ、それぞれが他人の意見との小さな差を重大なものとし、その小差に固執する。そのために大事をなすときに決断が遅れ、行動が時機を失し、とくに集団として行動することが困難であった。　『翔ぶが如く　五』

◈

肥後は、難国とされた。

一人一党の気分がつよく、他との妥協を好まず、日本ではめずらしいといえるほどに我を徹《とお》すことをむしろ美とする風がありつづけている。このため戦国の一国統一の流行期にもここは統一大名を出さず、中央で豊臣政権が成立して秀吉が佐々成政を大名として送りこんだときも、肥後の地侍たちはこれをよろこばず猛烈な一揆を起して成政を追い出してしまった。

そのあと、清正がきた。清正は他国人であったが、その人柄は肥後人に好まれた。肥後好みの武者ぶりのよさということもあり、さらに土木の天才的な技術者であったかれは、大いに農業土木をおこして地元の士民の利益を図った。ながい日本歴史のなかで、一人の人間が、地元のあらゆる階層から神人的な個人崇拝をうけたという例は、加藤清正と西郷隆盛以外にはちょっと考えられない。

『翔ぶが如く　八』

◈

大坂城をとって天下を得た徳川氏は、大坂城をすてて天下をうしなった。この巨城は、信長以来、つねにあたらしい権力者の目標となり、史上数度もその総攻撃の前にさらされた。しかも、武力によって陥ちたことは一度もなく、つねに政治情勢の変化のために前時代の主権者は、この城を、出ざるをえなかった。この城が開城するとき、日本史はそのつど、つねに一変した。ふしぎな城ではないか。

『歴史の世界から』（「歴史を変えた黄金の城」）

等身大の英雄たち

信長と家康

要するに信長は才能を優遇するかわり、それを道具にしか考えていないのであろう。信長は年少のころから道具好きであった。発火の激しい燧石《ひうちいし》を愛してそれを袋に入れ、たえず腰にぶらさげていたという話は有名である。かれが馬好きで、乗用のものを二十頭ももち、それらを屏風《びょうぶ》に描かせて身辺に置いていたというのも、動物好きであるためではない。馬が道具であるからであり、かれはその道具をかならず自分で責めて自分で調教した。

そういう癖《へき》は相手が人間の場合でもおなじだった。かれが謀臣を持たなかったのは、道具を相手に相談できるかということもあったかもしれない。

『播磨灘物語　二』

◆

（……信長からみれば、人はすべて阿呆者《あほうもの》のようなのであろう）

謀臣をもたないのはおそらくそのせいにちがいない。信長は自己しか信じなかった。すこしでも自己の能力にちかい者があれば、大いに優遇した。というより、その人物の能力にふさわしい地位を惜しげもなくあたえはするのだが、ただ台所のすりこ木のように酷使した。織田家の諸将ほど多忙なものはない。柴田勝家や丹羽長秀という門閥出身の逸材に対しては一方面の仕事をさせるだけだったが、才器がこの両人よりも優る木下藤吉郎や明智光秀に対しては、つねに二方面以上の仕事をさせていた。かれらは気の毒なほど多忙で、つねに現場から現場へ飛びまわっていた。　　　　　　　　　　　　　　　『播磨灘物語　二』

◈

信長という男は、他の者にない原理というめずらしいものを持っている。官兵衛にはそれが魅力であったが、しかし原理というのはそれが鮮明で強烈であればあるほど、他者を排除し、抹殺する作用がある。信長においてとくにそれが強く、味方でさえ、やがてそれがやりきれなくなり、それがために自分が排除されそうな恐怖感をもつようになる。反逆者は決して村重だけにとどまるまい、と官兵衛はおもった。

『播磨灘物語　三』

◈

元来、信長は、生命は今生《こんじょう》かぎりのものだという徹底した無神論をもってい
る。この点については、信長ははっきりと思想的人間であるといっていい。
「信長は無神論者であるが、一面自分自身が神になりたいと思っている」
というのは、キリシタン宣教師たちの見方だが、神になりたいという点につ
いては、多少の疑問はある。
信長は、しかしながら、キリシタン宗の布教には寛容であった。かれはべつ
に有神論者を憎んだわけではなく、宗教の徒が、人の心を操作することによっ
て自分自身の利益にすることを憎んだのであり、この憎悪は、そのまま大虐殺
につながった。

『播磨灘物語　三』

◈

信長にせよ、また徳川家康にせよ、元来が執拗な性格であり、ひとに対して
抱いた恨みの根も、並はずれて深い。家康はそれを懸命におさえた男であった

が、信長は、時期が来ればかならず報復した。

『播磨灘物語　三』

◆

信長は渾身の政略・戦略の人という観があるから、このすさまじい所行も、それなりの政治的説明がかれにおいて出来るであろう。

つまりは、世間への見せしめである。

信長も、小勢力のころは虐殺をしていないどころか、ときには敵にまわった男でも味方になってきたときは、その身分を安堵し、隔意なく使った。

しかしその勢力が巨大になり、つぎつぎに有力な敵対勢力が消滅してゆくにつれて、自他の勢力計算に自信がついたころから、虐殺をやりはじめた。

これからみれば、虐殺は見せしめという政策から純粋に出たというよりも、政策とは別個の、あるいはその発想の奥にある性格的なもの、あるいは思想的なものから出ているように思える。ということは、信長にとっておさえがたい衝動だったのであろう。

『播磨灘物語　三』

◆

信長も頑固なように見えて、非常に柔軟です。信長に非常に感心することがあります。彼は桶狭間でいちかばちかのバクチをしますね。しかし彼は、その生涯のうちに、こんなバクチは二度と打とうとしない。こんなものは百に一つぐらいしか当たるものではない。そのことを彼はよく知っていたのでしょう。それその後の信長の戦いかたは、味方が敵の数倍になるまで待っています。それまで、外交につぐ外交で、敵を弱らせておく。あるいはダマしておく。これなら確実に勝てる、というときになってから行動をおこす。これは勝つのが当然でしょう。だが、敵に数倍する軍隊を集めるという政治力と、それまで時を待つというその持久的なエネルギーは、彼の巨大な構想から出るわけです。大きな構想に沿った戦いかたをするのです。

それよりも、自分が桶狭間で成功したのは奇蹟だった、マグレだった、ということを知っている。これが彼が他の人とあきらかにちがう偉さではないでしょうか。普通の人間だったら、オレはやったぞ、と生涯の語り草にして、「あれを見習え、諸君！」とか何とかいうことになるでしょう。しかし、彼はついに、自分自身の成功を見習わなかった。信長のすごさはそこにあるようです。

『手掘り日本史』（「歴史のなかの人間」）

猿は、信長を研究しぬいていた。信長は、部将どもが独断専行することを憎み、かつ同時に、独断専行せぬことを憎む。どちらも不可で、この点、融通のきかぬ頭では一日も織田家の部将はつとまらなかった。

『新史 太閤記 上』

◈

(猫でゆく)

と、信長は心魂をさだめた。猫はじゃれてゆくが、もともと不逞《ふてい》な小動物だ。猫の心中、人間に手なずけられているとは思っていないかもしれない。存外、じゃれることによって人間を手なずけたと猫は思っているかもしれない。

信長は、その方法をとった。

ひんぴんと、贈り物をした。国力を傾けての財宝が、三国の境を越えて甲斐の国へしばしば運ばれて行った。

『国盗り物語 四』

◈

（わしの肚《はら》はきまっている）

家康は、ふだんよりもつややかな血色をみせつつそう思った。

（しかし弥八郎や万千代たちの意見もきいてやらねばなるまい）

この老人のむかしからのやり方だった。かれは信長や秀吉のように自分の天才性を自分自身が信じたことは一度もない。つねに衆議のなかから最も良好とおもわれる結論をひろいとった。自分に成案のあるときも、それを隠して衆議にはかった。結局はかれ自身の案を断行するにしても、衆議にかけることによって、幕僚たちは頭脳を練ることができたし、それを平素練りつづけることによって徳川家の運命を自分の運命として感ずる習性を養った。『関ケ原 中』

◆

家康はきょうあるがために、周到な戦備をととのえてきた。かれは十七歳の永禄元年、駿河今川家の陣を借りて参州寺部《てらべ》城に鈴木日向守を攻め降して以来、すでに半世紀以上を戦乱のなかですごしてきている。世界戦史上、どの国家の将軍もかれ以上に豊富な戦歴をもたなかったし、それ以上に奇蹟的なことは、七十三歳でなお現役の軍人であることだった。しかし、かれの才能にも短所がある。かれはひどく気のながい男といわれてきたが、奇妙なことに、短期間に兵力を集中して火の出るような野外決戦をすることに長じ、気のながい要塞攻略戦がにが手であった。性格と才能とは、ときに逆の方向をとるのかもしれない。

『おれは権現』(「若江堤の霧」)

◆

戦争というのも世間である、ということを骨の髄から心得ていたのが、世間から大御所さまといわれている徳川家康であった。

とくにこのたびの大坂ノ陣については、そうである。

「世間というものの心をどうくすぐり、どう恫《おど》し、どうころがすか」

と、家康という老人はそればかり考えている。むろん、この場合、敵も世間であり、味方も世間である。世間ということにおいては、敵味方とも一つのものであった。

「世間というものを知っているのが武道である」

という意味のことを、家康はときにいう。

『城塞　中』

家康も七十を過ぎた。寿命の常識からいえば、もういくばくも春秋は残っていない。しかし、この老人は気味のわるいほど壮健だった。

若いころからのくせで、米はあまり食わず麦を主食とし、老人のくせに文学、茶道といった風雅の道にはまるで興味がなく、ひまさえあれば、まるで合戦《かっせん》に出かけるほどの陣容をととのえて鷹狩《たかがり》に出るのである。じっと屋敷にこもっていられないたちなのである。

戦術家としては武田信玄、上杉謙信ほどの天才はなく、外交家としても、家康の師匠格であった織田信長ほどの鬼才はなく、人心を攬《と》る技術は豊臣秀吉に劣っているが、なによりも家康のすぐれた点は、それらの英雄とはくらべものにならぬほど長命だったということである。『風神の門　上』

◆

一軍だけとくべつの強兵をもって組織するというのは、日本戦史では徳川家康におけるかれの中期以後の軍団がそうであった。家康は、当時日本最強といわれた武田家の将士を、武田家の瓦解後、信長のゆるしをえて一括《いっかつ》して召しかかえ、これを井伊直政にあたえ、具足を赤のそろえにしてつねに先鋒につかった。先鋒は敵の堅陣をやぶるドリルのようなものであり、強ければつよいほどいい。

『坂の上の雲　四』

天下人秀吉

秀吉の細心は、それだけではない。あまり独断を用いると、信長の嫉妬《しっと》を買う。それを知っている。これを嫉妬というべきかどうか。

とにかく秀吉は信長の天才であることを知りぬいている。才能というものは才能をときに嫉《そね》むものだ。秀吉は嫉まれたくない。

それに、家来があまり才走りすぎると、鋭敏な将ほど、

（はて？）

と、用心の心をおこすものだ。将来、自分の位置を狙《ねら》うのではないか、という警戒と怖れである。幼いころから人中《ひとなか》で苦労してきた秀吉は、そういう人情の機微をよく知っている。

『国盗り物語　三』

◈

羽柴秀吉の内心というのは、尋常そのものというほかない。というより尋常人以上にかれは小心であり、小心であるためにつねに心が小波《さざなみ》立っており、その小波の波の輪が幾重《いくえ》にもかさなりつつ遠くへひろがってゆき、あらゆる現象をその波でもって把《と》えているのであろう。

信長が、秀吉を大気者といった理由は、信長のみるところ秀吉に私心《しい》らしいものがなく、仕事のみがすきで、仕事でかち獲たもの——領土や財宝——を惜しげもなく信長に呉れてしまうところにあった。

『播磨灘物語 二』

◆

秀吉は家来に対してもそうであった。わずかの功に対しても、大きく褒賞した。ひとは欲で動き、名誉心もまた欲望の上に載っかっているということを、いわばひどく質朴な哲学ながら、かたくそれを持していた。

羽柴秀吉のもとにいて、あとで秀吉の同僚の明智光秀の配下になった男が、光秀から、羽柴とはどういう男だ、と質問されたとき、

——とりたてて変った人ではございませぬ。ただすこし手柄をたてても、当人が驚くほどのほうびをくださる人でござる。

と答えた。光秀はこれをきいて、顔色の変るほどに考えこんでしまったといわれる。

『播磨灘物語　二』

◆

「それではあの男が可哀そうだ」

と、秀吉はよくいう。その可哀そうだという感情が、その男への配慮になり、人や物を動かして手をつくすようになる。やがてはその人物は秀吉の計算の中に入って、かれのためにはたらくようになる。

「殿が、よろこぶだろう」

という感情がさきにあって、その感情の命令によって頭を使い、信長に奉公してきた。このため信長が感じている秀吉という人物の印象は、一個の感情という存在だった。決して計算高さという印象ではなかった。

『播磨灘物語　二』

◆

(以前、おれは一人で考え、一人で行動してきた。秘密はつねにおれ自身が腹の奥底にたくわえ、おれ自身が錠をかけておけばよかった。ところがいまは秘

密というものがない）

秀吉は大器量人として人前には自分を見せてきて、しかもそのことはかれの性格の深部に十分根ざしていることであるとはいえ、しかし反面、婦女子よりもこまごまとした感情が、かれの人間性の洞窟のなかで暗い波をたたせていることを、かれ自身でさえどうすることもできない。

竹中半兵衛はこの時期、かつて秀吉がかれに送った手紙類をことごとく破りすてているのである。かれは自分の寿命の長くないことを知っていた。秀吉と自分とのあいだに、この手紙にあるように懇親な関係が存在したということを自分の死後、自分の子供が知れば、秀吉に対して頭が高くなり、自然、災禍が及ぶであろうことを配慮したのである。　『播磨灘物語 二』

◆

秀吉は、とくに官兵衛に対して大気者ではなかった。終生、そうであった。後年、かれが天下をとったとき、かれは官兵衛が自分の創業の最大の功労者であるということを知っていながら、むしろそうであればこそ官兵衛に対して薄く酬いた。官兵衛に大領を与えれば自分のつぎの天下をとられてしまうという恐怖感があったように思えるが、それといまひとつは、嫉妬であったにちがいない。

秀吉も常人である以上、嫉妬をもつことがありうる。むろん秀吉はこの感情が劣情であることを知っていたし、この感情ほど人と人との関係を損《そこな》わせ、その関係を饐《す》えさせてしまうものはないということを知っている。このため、秀吉はつねにそれを押えていたが、しかし官兵衛と竹中半兵衛に対しては、ときに露《あらわ》にした。むろんかれは多くの場合、それを押し殺して、気取《けど》られぬようにはしている。『播磨灘物語　三』

◈

晩年の秀吉は、そのおいの関白秀次の妻子を公開虐殺するというふうに、信長に似た所行をする。もっとも信長の虐殺はかれの思想的もしくは倫理感覚の表現という強烈な側面があったが、秀吉がやった秀次の家族への虐殺は、単に精神の衰弱による物狂いのようなところがあるにすぎない。

秀吉においては、そういう晩年の変化があるにせよ、かれは若いころから無用に人を殺すことがきらいで、人間に対して思いやりが深いという定評が、かれを知るひとびとのあいだにあった。

かれが、三木城の士卒をたすけ、かつ別所長治へ酒肴《しゅこう》を贈ったというのは秀吉の性格にもよるが、織田氏の人気のわるさを、すこしでも修正したいという気持のあらわれだったかもしれず、さらに別な見方でいえば信長への痛烈な批判ともいえる。

『播磨灘物語　三』

◈

――信雄は愚物だが。

と、秀吉はおもう。しかしその愚物が、いまや天下を左右するほどの力を帯びている。その力は、単に織田家の血統であるというだけのことではあったが、しかし世間は他人の批評をするときにはすべて道徳家になる。

『新史　太閤記　下』

西郷と大久保

西郷という、この作家にとってきわめて描くことの困難な人物を理解するには、西郷にじかに会う以外になさそうにおもえる。われわれは他者を理解しようとする場合、その人に会ったほうがいいというようなことは、まず必要はない。が、唯一といっていい例外は、この西郷という人物である。

『翔ぶが如く　二』

◆

「己《おのれ》を愛するなかれ」

というのは、西郷が青春のころに会得した自己教育の基本であったらしい。西郷の身についた職業的技能といえば武士にはめずらしく算盤《そろばん》ができるということだけであった。かれは家計のために早くから藩の役職を得ようとし、十代の終わりごろ郡方《こおりかた》書記になった。なるために人のいやがる算盤をまなんだらしい。この微役は、かれが斉彬に見出されるまで十年ばかりつづく。その時期のいつごろか、自分を愛することがなければ物事がよく見えてくるということに気づいた。

自分を愛さない、ということもやはり自己が基準になっているのだが、その、愛さないという自己をさえすてたときに自己を忘れることができた。自己を忘れれば天の心にちかくなり、胸中が天真爛漫としてきて、あらゆる事や物がよく見えるようになった。　『翔ぶが如く　一』

◈

人間の尺度の場合、度量衡よりもはるかに複雑で、というより、言語というものは、その人間から出て他の人間に語られる場合、語り手の中にある情景も論理とはよほど別なものとして聞き手にうけとられることがむしろ普通である。

とくに西郷のように度量衡のメモリがどうやら他の者とずいぶんちがっている男の場合、かれがいうことも行うことも、同時代人にも後世人にも、まったく別なメモリでもって量られるのが普通であり、西郷が基本的に悲劇的な存在であるというのはそういうところにあった。『翔ぶが如く　二』

◆

西郷は単なる仁者ではなく、その精神をつねに無私な覇気《はき》で緊張させている男であり、その無私ということが、西郷が衆をうごかしうるところの大きな秘密であった。人間は本来無私ではありえず、ありえぬように作られているが、しかし西郷は無私である以外に人を動かすことができず、人を動かせなければ国家や社会を正常の姿にひきすえることはできないと信じている男だった。『翔ぶが如く　三』

◆

西郷はつねに心境に両面をもっていた。いかなる政略をもってしても自分の構想による志を遂げたい、という、西郷自身のたとえによる「猫がねずみを狙《ねら》うような一途《いちず》さ」は、西郷も革命家である以上、常人よりもはるかに多量にもっていた。が、同時に、大久保も西郷の欠点として指摘しているように、西郷は難所にさしかかると、にわかに自己を放下《ほうげ》して世を捨てたくなるという衝動をおこす。この鹿児島県の山野をあるいている西郷の心境にもその両面があった。

「やがて、天下は自分を必要とするだろう。それまで気長に待つ」

という粘着力のつよい政略計算と、

「しかし天下が大久保を必要として自分を必要としなければこのまま朽ちるのみ」

という放下の一面とが、一枚の紙の表裏のようになっている。

『翔ぶが如く　四』

◈

西郷には才芸がない。

それだけに、才芸とは何かということを考えることが深くなったようである。

——ビスマルクが偉いのはかれが何の技能もないところにある。

というのは素朴すぎるビスマルク論であるにせよ、西郷の場合は年少のころからかえてきたよほど深い場所の傷口から出ている言葉にちがいない。

西郷が庄内藩士に語った言葉に、

「才芸のある人間を長官にすえたりすればかならず国家をくつがえす」

というのがある。このことも、右の古傷から出たかれの政治哲学に相違ない。

右の言葉は、西郷がわかいころ、水戸の藤田東湖からきいた、という。西郷が記憶している東湖のことばは、

――小人ほど才芸があって便利なものである。これは用いなければならない。しかしながら長官に据え、重職を授けるとかならず邦家《ほうか》を覆す。であるから決して上に立ててはいけないものである。

ということである。西郷は、この藤田東湖のことばも好きだったであろう。

『翔ぶが如く 四』

◈

この時代、人望というものを外して、佐川官兵衛も理解できねば、西郷も理解できず、その他、諸地方で方向を見出しかねるままに渦を巻いているエネル

ギーの核になっているひとびとも理解できない。

人望家たちが人望を吸引している、というよりも、世間一般に人望家を待ち望んだり、恋い慕ったりする異常な偏好が存在した、と見るほうが、なだらかであろう。

士族にしても農民にしても、藩といったような緻《ち》密《みっ》で堅牢な封建組織が雲散霧消してしまうと、殻をうしなった剥《む》き肉《み》のやどかりのような心細さをもち、そのくせ「官」というあらたに出現した重量については違和感のみを感じてそこからのがれたくなってしまう。そういう自分たちに方向を与えてくれたり、居場所を決めてくれたり、ときに死に場所をつくってくれるのが、人望家であった。

『翔ぶが如く　九』

◆

増田のいうことは要するに、自分は諸君とはちがい西郷という人間に接してしまったのだ、ああいう人間に接すればどう仕様もない、善も悪もなく西郷と死生をともにする以外にない、ということで、増田の言葉は、西郷という実像をもっとも的確に言い中《あ》てているかもしれない。

『翔ぶが如く　十』

大久保には厳乎とした価値観がある。富国強兵のためにのみ人間は存在する——それだけである。かれ自身がそうであるだけでなく、他の者もそうであるべきだという価値観以外にいかなる価値観も大久保は認めてない。

——なんのために生きているのか。

という、人生の主題性が大久保においてはひとことで済むほどに単純であり、それだけに強烈であった。歴史はこの種の人間を強者とした。

『翔ぶが如く　二』

◆

大久保には人間としてのおもしろみは、皆目《かいもく》なかった。日本人が他人を敬愛する場合、その人物の弱点の部分をむしろそれが人間味であるとして惹《ひ》かれたりするが、大久保にはまるでそれがないようであり、たとえば酒でも女でも失敗することがなく、道楽といえば囲碁だけであった。その囲碁もむかし島津久光にとり入るために懸命にならったものであり、当時のかれにいわせれば権力者にとり入ってその権力を藉《か》り、それによって事をなす以外にないというのが、理論で、その理論の実践方法のひとつとして囲碁があった。げんにこの囲碁は生きた。幕末、薩摩藩が革命勢力として出現したのは大久保が久光にとり入り、久光をほどよく誑《たぶらか》しつつその権力を革命にむかってつかったことによる。

『翔ぶが如く　二』

激しき天才たち

われわれは、京都の教王護国寺の仏たちを、ことさらにただの彫刻としてみてさえ、その造形の異様さに、人間の空想力というものはこれほどまで及ぶことができるものかと呆然とする思いがする。しかもそれが単に放恣《ほうし》な造形的空想力でつくられたものでなく、その内面に緻密《ちみつ》な思想があり、さらにその仏たちの思想群が、一つの原理へ帰納され、帰納されたものが同時に原理へ発揚して、帰納と発揚が旋回しつついわゆるマンダラの世界を大構成しているということを思えば、思想家としての空海は、天才とか何とかというより、空海その人がすでに宇宙そのものであったということを思わざるをえない。空海という天才の日本的世界からみての異常さは、彼と火焔式土器というものをことさらに結びつけ、さらには佐伯という種族を一種のデモーニッシュなものとして仕立てないかぎり、どうもふに落ちにくいような感じを私はもちつづけていた。

それほど思想人としての空海は、日本ばなれしている。

『微光のなかの宇宙』(「わが空海」)

◆

古来、人間の才能のなかで将軍の才能ほど稀有《けう》なものはない。むかし源平争乱のころ、あれほど武将がむらがり出たというのに、将才を持った者はわずかに源義経《よしつね》ひとりであった。また百年間戦いがつづいた戦国時代ですら、この才能のもちぬしは数人出たにすぎない。

『峠　下』

◆

義経の困った点は、というより日本人の判官びいきの困った問題は、われわれ日本人が、頼朝の鎌倉政権が確立したおかげで、ちょっと人間らしい生活をもつことができた、という点を見ないことです。頼朝のやったことは、日本史上最大の革命かもしれません。頼朝こそ、律令制社会の矛盾から当時の日本人を救ってくれた革命の恩人なんです。このことを見ずに、その邪魔者であった義経にだけ同情の涙をそそぐ。あれだけの武功をたてた義経が没落していく、これがどうにも悲しい……。ここに日本人のメロディーが始まるわけで、それではやはり困るんじゃないか、という気持がありました。

『手掘り日本史』(「歴史のなかの人間」)

◆

義経は兄の頼朝から兵を借り、平家追討の大功をことごとく自分のものにした。その功を諸将にも分けなかった。大功は義経の軍事的天才のしからしめるところだが、しかし頼朝や諸将にとってはいい気持のものではなく、結局はこの大功が義経の没落のもとになった。

『播磨灘物語　四』

◆

官兵衛は、家臣を能のあるなしにかかわらず愛した。この心根は官兵衛の天賦の性格としか言いようのないものだが、官兵衛という男は、どうみても能のない男をも、ときに重要な仕事につかった。むろん、多くの場合、そういう男は失敗したが、このことが、かえってひとびとを鼓舞させるという奇妙な気分が、黒田家にはあった。他人の失敗をみて、ひとびとがかえって自分がやれば、と自信をもつというふしぎな気分になったようなのである。こうした現象は、代々、血縁その他でえこひいきというものをしなかった黒田家だけにおこりうる現象かもしれなかった。

『播磨灘物語　四』

◆

思想とはその思想なりの正義を精密に論理化したものだと思うが、本来、正義ということから考えれば、日本人の社会に正義がやかましく成立するのは、ようやく幕末になってからではないか。すくなくとも正義が流行し、正義という言葉が叫ばれ、相異る正義群がたがいに相剋しあうのは、ながい日本史のなかで、ようやく幕末になってからである。それ以前に純粋に思想的正義が存在したと思うのは多分に錯覚であろうと思える。関ケ原でもそうであった。諸大名を両派に分け隔てしたのは、打算となりゆきと多少の党派的感情であり、それ以外に、たとえばヨーロッパや中国（とくに宋学以後）でその場合に問題になるはずの正義というものはどこにも存在しなかった。私は石田三成の脳裏に正義の感情と粗《あら》いながらも思想に似たものがあったように思うが、これはあくまでも想像であり、またそれをそう想像するとき、その同時代の日本人のなかではきわめて珍奇な人物として三成が感じられてくるのである。

『世に棲む日日　四』

◈

政宗の生涯《しょうがい》は、悪謀と譎詐《きっさ》、華やかながらも見えすいた自己演出に満ちている。しかも政宗の複雑さはそれらの悪が性格の暗い部分から出ているのではなく、悪をやってみせるという一種の才華から出ており、ぜんたいとしては陽気であかるい。かれがもしその所業にふさわしい陰気さを印象としてひとに与える男であったならばひとびともついて来なかったろうし、かれをつねにおさえつづけた秀吉や家康もただでは済まさなかったにちがいない。

『馬上少年過ぐ』（「文庫版のために」）

◈

宮本武蔵などもその自著のなかで、「自分は一生に六十余度《よたび》の試合をしたが、いちども敗れたことがない」といっているが、この武蔵でさえ、試合をする場合、相手の力倆、癖《へき》を研究した上、かならず勝てる、という相手でなければ太刀をとらなかった。

（それは卑怯ではない）

と、この物わかりのいい若者はおもっている。相手が自分よりも弱い、と見きわめられるだけの目が、すぐれた剣客であるための資格のひとつなのである。

『北斗の人』

日本革命の士

大いなる義とは、仲間との約束をまもるということであろう。たかが知れた約束ではないかとあるいはひとはいうであろう。しかし松陰というこの純粋思考の徒にすれば、その程度の約束すらまもれず、その程度の義さえおこなえない人間になにができるか、と、深刻に考えている。松陰はつねにこうであった。松陰は、さらにいった。

「自分はちかごろこう思っている。志操と思想をいよいよ研ぎ、いよいよするどくしたい。その志と思いをもって一世に跨《また》がらんとしている。それが成功するせぬは、もとより問うところではない。それによって世から誹《そし》られようとほめられようと、自分に関することではない。自分は志をもつ。志士の貴《とうと》ぶところは何であろう、心をたかく清らかに聳《そび》えさせて自ら成すことではないか」

『世に棲む日日　二』

思想とは本来、人間が考えだした最大の虚構——大うそ——であろう。松陰は思想家であった。かれはかれ自身の頭から、蚕《かいこ》が糸をはきだすように日本国家論という奇妙な虚構をつくりだし、その虚構を論理化し、それを結晶体のようにきらきらと完成させ、かれ自身もその「虚構」のために死に、死ぬことによって自分自身の虚構を後世にむかって実在化させた。これほどの思想家は、日本歴史のなかで二人といない。『世に棲む日日 二』

◆

「豊臣秀吉も徳川家康も、だまっていてもどこか愛嬌のある男だった。明智光秀は智謀こそそのふたりよりすぐれていたかもしれないが、人に慕い寄られる愛嬌がなかったために天下をとれなかった。英雄とは、そうしたものだ。たとえ悪事を働いても、それがかえって愛嬌に受けとられ、ますます人気の立つ男が、英雄というものだ。竜馬にはそういうところがある。ああいう男と喧嘩するのは、するほうが馬鹿だし、仕損さ」

◆

「竜馬は英雄ですか」

「においはあるな」

「しかし、かれは学問はありませぬ」

「もろこしの項羽《こうう》は、文字は名を記するに足る、といった。英雄の資質があれば、それで十分さ。書物などは学者に読ませておいてときどき話させ、よいと思えばそれを大勇猛心をもって実行するのが英雄だ。なまじい学問などをやりすぎれば、英雄がしなびてくる」

『竜馬がゆく　二』

◆

「されば海舟先生、わが家臣坂本竜馬は英雄であると申されるのか」

と容堂は不満気である。天下の英雄は自分であるとひそかに思っている殿様だ。

「わかりませんな。英雄というのは、天がその人物が必要と思えば、その人物に運と時をあたえるものでござる。竜馬がそういう星をもっているかどうか、これは将来でないとわかりませぬが、すくなくとも天の寵《ちょう》を受ける資格はあるようですな」

『竜馬がゆく　三』

竜馬も、ニコニコした。その笑顔が、ひどく愛嬌があり、

（おお、みごとな男じゃ）

と西郷はおもった。漢《おとこ》は愛嬌こそ大事だと西郷はおもっている。鈴虫が草の露を慕うように万人がその愛嬌に慕い寄り、いつのまにか人を動かし世を動かし、大事をなすにいたる、と西郷はおもっている。

もっとも、西郷の哲学では、愛嬌とは女の愛嬌ではない。無欲と至誠からにじみ出る分泌液だとおもっている。

『竜馬がゆく 五』

◆

自由と権利というものが西洋の先進文明を成り立たせている基礎であり、政治、法律、社会をはじめ、人間のくらしのうえでの小さなことがらにいたるまでの基礎思想であり、さらには人間を人間たらしめている大本《おおもと》であることに、日本人のたれよりも早く気づいたのは福沢諭吉であろう。

——それが、先進文明を解くかぎであるらしい。

と福沢はたれよりも早く着眼した。　『峠　下』

◈

乃木の半生をながめるに、乃木ほどその性格が軍人らしい男はなく、同時に乃木ほど軍人の才能の乏しい男もめずらしい。それに乃木ほど勝負運のわるい男もめずらしいであろう。

――おれが感じている乃木の魅力も、あるいはそういうところにあるかもしれない。

と、児玉はおもったかどうか。たとえば虚弱で薄命な美人が佳人といわれるにふさわしいように、つねにあぶなげな、つねにうすい磁器のようにこわれやすい運命を背負っている乃木に、それに似たような機微と美しさを児玉は感じてきたようにも思われる。　『殉死』

◈

突如妙なことをいうようだが、林屋辰三郎氏の表現を拝借すると、歴史上の人物で宣伝機関をもっていたひとが高名になる。義経は「義経記《ぎけいき》」をもち、楠木正成は「太平記」をもち、豊臣秀吉は「太閤記」をもつことによって、後世のひとびとの口に膾炙《かいしゃ》した。旅順における乃木希典は、最後の一時期にいたるまでは史上類のない敗将であり、その不幸な能力によって日本そのものを滅亡寸前にまで追いつめたひとであったが、戦後、伯爵にのぼり、貴族でありながら納豆売りの少年などに憐憫《れんびん》をかけるという、明治人にとって一大感動をよぶ美談によって浪曲や講釈の好材になり、あたかも「義経記」における義経に似たような幸運をもつことができた。

『坂の上の雲　六』

男と女

惚れるとは

（喧嘩《けんか》と女、こいつは一つものだな）
血のにおいがする、どちらも。そう思った。
『燃えよ剣　上』

◈

「わしは、僧房におった。幼いころから教えられて、女とは罪障ふかき者、僧の身で近づけば地獄におちる、と思いこまされた。長じては僧房で稚児《ちご》を愛した。いまにしてわかった。おなごとはこれほど美味《うま》いものゆえ、求道《ぐどう》のさまたげになるとして釈迦《しやか》は禁じたのであろう」
『国盗り物語　二』

◈

「女に惚れるとこまる。最初は生命が女を好く。道具めが好いている段階では、べつだんのことはない。大いに好かせておけばよいが、惚れると、道具のもちぬしである霊まで戦慄する。霊まで戦慄してしまえばもう自分などはどこへ行ったか、けし飛んでしまう」

『峠　上』

◈

「それだけに、婦人ほど男子の志を溶かすものはない。おそろしいのは、志の薄弱な市井《しせい》の遊冶郎のみが婦人におぼれるかといえば、そうではない。英雄豪傑のほうがかえって溺《おぼ》れる」

それは、わが身に言いきかせているのであろう。しばらく沈黙し、

「多感だからだ」

といった。英雄豪傑ほど多感であるという。手練手管《てれんてくだ》にはだまされぬが、しかしながら、

「一種言うべからざるの情において鉄石の志をも溶かされてしまう。わかったか」

だからこればかりはやるな、という。しかしそれにしても、当の継之助がなぜそれをやっているのであろう。

『峠　上』

「男女の愛の永遠を想うなどは、人の身のほどを知らぬ欲でございましょう。そのようなことは、もうお思いくださいますな。ちのが悲しゅうございます。信吾さまとちのとは今宵をよろこびあい、それをふたりが死ぬまでの思い出にするだけでよろしいのではございますまいか」

『風の武士　上』

◆

人の心には愛欲と貪染《とんぜん》があって、それが炎立《ほむらだ》てば身を焦がすような苦しみを味わう。この仏は、その炎をつねに浄化しつづけている尊《そん》で、この尊の三昧《さんまい》境《きょう》のなかでは醜いほむらも白光《びやっこう》にかがやくようになるという。相対の愛染を捨てよ、絶対の愛染に生きよ、ということを教えているらしく思えるが、いずれにしても、この尊をひそかにここで供養していたひとは、おのれの恋によほど苦しんでいたひとにちがいない。供養人《くようにん》は、あるいは女人《にょにん》か、それとも、おこないすましているはずの僧尼であったかもしれない。

『箱根の坂　上』

◆

◈

（男女の睦《むつ》みというものはうつくしいものじゃが、一つ食いちがうと胸がわるくなるほどに醜うなる）

『風神の門　上』

嘘と誠

恋愛というものを古典的に定義すれば、両性がたがいのなかにもっとも理想的な異性を見出し、性交という形而下的行為を介在させることなく――たとえなにかのはずみでその行為があったとしても――その次元に双方の格調をひきさげることなく欲情をそれなりの芸術的諧律にまで高めつづける双方の精神の作用を言う、とでもいうほかない。しかしこんにちではすでにこのことは存在しがたく、恋愛小説そのものが成立しにくい分野にまでなっている。

『ある運命について』(「『文学』としての登場」)

◈

「世におなごが幾千万いようと、そなたのほかには気は移さぬぞ」

抱いているときは、藤吉郎は本気で、ほとんど叫びだしたいような衝動でいう。

毎度である。

寧々も、それがうれしい。うそとわかっていても本気のうそほど楽しいものはなかろう。下手な真実をいう亭主よりも、はるかに風情のあるものだ。

『尻啖え孫市』

◈

「恋に酔うと、さわぎ上戸になる者もいる。人に言わずにおられん性質《たち》や。それとは反対に、ひとり上戸になるお人もいる。だれにも言わず、自分の心の奥にだけ蔵うといて、恋が進めば進むほど、他人にはいよいよ白けきった様子をみせるお人や」

「そんな恋もあるの」

「おます、な。そら、恋をしているのは男と女たった二人きりの事や。なにも商牌《かんばん》に書いて近所隣りに披露《ひろ》めにまわらんでもええが、それにしても、なんど悪いことしているように黙ってるのもいかん。愛嬌がない」

『大坂侍』(「法駕籠のご寮人さん」)

所詮《しょせん》は、馴れあいの仲であった、寺田屋事件までは。

あの事件がなかったならば、ついにおりょうとの仲はそれっきりで飛躍も発展もなくおわったであろう。

◆

下世話《げせわ》に、

——ひょんなことで。

という。男女の仲というのは、多分にこのひょんなことで出来あがる。竜馬とおりょうの場合、あの事件が「ひょんなこと」であった。とすれば、群がって襲来した百人の幕吏こそふたりの仲人になったわけである。


『竜馬がゆく　六』

◆

嘉兵衛自身も、遊んだ。

この男はおふさを天地にかけがえない者として愛していたが、遊びについてはおふさへの愛情とはべつの精神の場をもっていた。むろんこのことはこの時代の男どもの倫理一般のことで、嘉兵衛だけがそうであるということではない。

遊びには倫理が必要なのではなく、美が必要なだけであった。美とは粋《いき》で金放れがいいということであり、そういうことに男の値うちがかかっていたといっていい。

『菜の花の沖　二』

◆

「断わる。重蔵は男じゃ。男である以上、いつかは愛した女にも倦きるが、しかし仕事には倦きぬ。男とはそうしたものじゃ。薄情なことを申すようじゃが、重蔵は情けに溺《おぼ》れて、仕事を裏切るわけには参らぬ」

『梟の城』

◆

「おなごには惚れよ」

ということだ。

「が、男には惚れてはならぬ。身をほろぼすもとになろう」

『風神の門　上』

猟師型と農夫型

女というのは愛に全身をゆだねて子を生み子を育てるという、ただそれを思うだけでも生命の粘液が匂い立つのを感ずるほどに人生に密着した存在であるし、ひるがえっていえば性という人類にとって永遠に不可解なものを書くのが文学の役割の大きな部分であり、今後もそうであるにちがいなく、文学はその不可解な粘液を書くために存在しているようにも思える。その意味からいって、昆虫のオスが昆虫の生態の中で儚い役割でしかないように、人間においても男は多分に女よりも多分に稀薄にしか人生を生きられず、その意味において流れに浮游してゆく根無し草というにちがいない。『歴史の世界から』(「自分の作品について」)

◆

「勝手な理屈ね。人間て、そんなものじゃないわ。男でも女でも、たれかの持ち物でなくちゃ、生きてゆけないものよ。子供は親の持ち物だし、親は子供の持ち物だわ。男と女がいい仲になれば、お互いはお互いの持ち物だし、持ち物でない人間てないわ。あれば、きっとそれは人間の形をしているだけで、野良犬よ」

『風の武士　上』

◆

(復讐《ふくしゅう》。――)

というほどの激しい気持は湧《わ》かなかったがそれに似たひそかな快感はあった。動いている。しかしこの胎児は庄九郎の子種ではないことを、深芳野だけはわかっている。

頼芸の子であった。頼芸が残していった子種が、いま息づいている。この子が成人したとき、自分と庄九郎と頼芸に、どのような運命をもたらすのだろうか。

が、庄九郎は飽きずに耳をつけていた。深芳野は、この男があわれに思えてきた。

(利口なようでも)

と深芳野はおもった。その場所には男がついに踏みこめぬようにできている。いかに庄九郎の智謀をもってしても、男はついに女の最後の部屋までは覗《のぞ》けない。

『国盗り物語　二』

◆

男には、女に対してふたつ型がある。

猟師型と農夫型である。猟師型は女色家といっていい。たえず、未知なものにあこがれ、獲物を一つ獲《え》ては、

（さらに他に大きなものが）

と思い、あこがれ、冒険心をかきたて、ふたたび山に分け入ってゆき、つぎつぎとあくことを知らない。女好きというのは、決して道徳感覚が欠如しているということではない。普通以上に、未知へのあこがれがつよく、冒険的行動欲がさかんだというだけのことである。

農夫型は、そうではない。

十年一日のごとくわが畑をたがやし、くわ先にあたるその土のきめ、においになじみきり、その定着的生活になんのうたがいも示さぬばかりか、もし土地を変えて他村へ移れといわれれば目の色をかえていやがる。

概して男には農夫型がすくないが、それでも男とは猟師型ばかりではない。

『功名が辻　三』

◆

「男というものは、おのれの情熱の矢をつがえて曠野《こうや》を駈けている猟人のようなものじゃとわしは所存している。どの男も、さまざまな曠野の風景を夢にえがいて生きている。おなごというものは、その猟人を檻《おり》に入れる天の役人であろう。いかに巧みに檻へ入れるか、そこは、おなごと男の才覚のたたかいのようなものではあるまいか」

『梟の城』

◆

「女のやりかたのほうが、このようにこんがらがった糸をほぐすのにいいかもしれませぬよ」

「女に糸がほぐせるものか」

と、元親はわらった。糸をほぐすには論理性が要る。

「そう」

菜々は同意した。女には糸はほぐせぬかもしれない。しかし女ならばその糸をほうっておき、あたらしい糸をくださいと無我夢中でねだるかもしれないのだ。つまりいまの事態でいえば、毛利家と長曾我部家の複雑な関係をほぐすよりも、いっそすべてを水に流してあたらしい関係をむすびなおすほうがいいであろう。それしか方法がない、と菜々はいっているのである。元親は、なるほどとおもった。

『夏草の賦　下』

◈

「しかしおりょう、おれはしょっちゅう、その家に居るわけにはいかないぜ」

「なぜ」

「なぜって、お前」

「夫婦じゃありませんか」

「そりゃわかっているがな。お前の亭主は一種人間でない男かもしれないぜ」

「人間でない？」

「うらァ、天がおれを、この地上の紛糾をおさめるために降《くだ》した——と自分をそのように思いはじめている。おれがいなければ日本が潰れらァ」

「思いあがり」

「だな。しかしそうとでも思いあがって居ねば、こうは飛びまわれんわい。勝先生も西郷も桂もそう思っているようだ。女とはちがって、そこが男の滑稽なところだが」

『竜馬がゆく　六』

◆

「おりょうには他の女にないいい所がある。人の諸々《もろもろ》の愚の第一は、他人に完全を求めるというところだ。おりょうはなるほど奇女だが、おれのみがおりょうの長所を知っている」

『竜馬がゆく　七』

◆

動きの中で美人を見いだしているんでね、静止したり、写真に撮ったり、寸法をはかったりしたら、決して美人じゃない人が多いですね。よく見てみると、むしろ醜女の場合が多いですね。だけど、みんながその人を美人だと言う。ぼくはなんにん人か知ってますけれども、なんぼ考えてもあれ珍妙な顔しているけどなと思うけれども、あの人美人ですね、なんていわれている人がありますよ。身動きなんだろうな。

『日本語と日本人』（「しぐさ言葉を生む日本文化」）

いい若い者が、母親の私物として出現するようになったのは日本でいえば戦後のことで、弥生式農耕が入って以来、二千年の日本の歴史からいえば、きんきん三十年にすぎず、われわれはこの異習に鈍感になるにはあまりにも歴史が新しすぎるのである。

◆

若い者を国家の公有にするという社会は私の好みではないが、かといって母親たちが自分の子宮にぶらさげるようにして大学の受験場についてゆき、入学式で拍手をし、就職する会社にまでついて行って上役たちにあいさつするという奇現象については、われわれの感覚が歴史的になお不馴《ふな》れで、グロテスクであるという身ぶるいの衝動からぬけ出せないでいる。逆に若者の側からいえば私物として育てられ、私物としての個々の倫理関係を強いられている若者たちが、はたして人間の社会を構成する上でどういう結果をもたらすのか、このことは日本の社会がこぞってそれを実験しているため、やがて歴史になってみなければわからない。

『ある運命について』（「山姥の家」）

余白に

谷沢永一

申し述べたいこと、がある。伝えたいこと、がある。耳を傾けてもらいたいこと、がある。それゆえ、小説を書く。それが司馬さんの姿勢であると言えよう。内心からこみあげる思いがあって、それをひたすら書き続けたのである。そういう自分の創作態度を、司馬さんは或るエッセイで次のように語っている。

唐突なようだが、ギリシア語で象徴ということは割符《わりふ》のことだという。まことに情けないことだが、作家は割符を書く。他の片方の割符は読者に想像してもらうしかないのである。どんなすぐれた作品でも、五〇%以上書かれることはない。

小説は、いわば作り手と読み手が割符を出しあったときにのみ成立するもので、しかも割符が一致することはまずなく、だから作家はつねに不安でいるのである。

（ひろい世間だから、自分と同じ周波数をもった人が二、三千人はいるだろう）

と、私などは思い、それを頼りに生きてきた。

このように謙虚な心構えで、自分の見るところ考えるところを綴ってきたのが、厖大《ぼうだい》にして多岐な司馬文学の総体である。

そして司馬さんの念じるところはどの方向であったか。おそらくその核心をなすものは、日本人とは何か、という問いであり、その日本人社会のなかにあって生きて行く場合の心得をめぐる沈思であった。司馬文学の脊梁《せきりょう》となっているものは人間智なのである。

『新史　太閤記』の一節には、「この秀吉という人間の傑作ともいうべき人物」と記されているが、司馬さんは僅かの例外を除いて、日本人の特徴を一身に具現している人間の傑作を選んで描いた。その代表である秀吉の人柄を、竹中半兵衛が、人間通、と評する。司馬さんが読者に伝えたかったのは、人間通の魅力についてであったろう。司馬文学はまことに奥行きの深い人間学そのものなのである。どの作品の細部にもさりげなく、人間関係の勘所があざやかに要約して埋めこまれている。

たとえば坂本竜馬は『竜馬がゆく』の一場面に自分の心得を反芻する。

竜馬は、議論しない。議論などは、よほど重大なときでないかぎり、してはならぬ、と自分にいいきかせている。

もし議論に勝ったとせよ。相手の名誉をうばうだけのことである。通常、人間は議論に負けても自分の所論や生き方は変えぬ生きものだし、負けたあと、持つのは、負けた恨みだけである。

竜馬がこの通りに考えたかどうか証拠はないであろうが、司馬さんが透視した竜馬の明晰な人間智は、動かしがたい心得として簡潔に伝えられている。

たとえばまた『功名が辻』における山内一豊の妻千代。

千代は、利口さを、

「無邪気」

で擬装していた。利口者が、利口を顔に出すほどいや味なものはないということを、この娘は、小娘のころから知っている。

だから、たれからも愛された。

すべての女性に語りかけるような思慮の深い口調である。

千代は、決してのんきなたちではない。彼女ののんきさは、母の法秀尼から教えられた演技である。

「妻が陽気でなければ、夫は十分な働きはできませぬ。夫に叱言《こごと》をいうときでも、陰気な口からいえば、夫はもう心が萎《な》え、男としての気おいこみをうしないます。おなじ叱言でも陽気な心でいえば、夫の心がかえって鼓舞《こぶ》されるものです。陽気になる秘訣は、あすはきっと良くなる、と思いこんで暮らすことです」。

これは必ずしも夫婦の間柄にとどまらず、人間関係のすべてに及ぼされるべき大切な心得であろう。このように司馬さんは作品の到るところで、人間心理の要《かなめ》となるところを照らしだしてゆくのである。

司馬さんは日本歴史の急所となっている問題をあまねく解明してゆくのだが、我が国にのみ独自に発生した宗教意識をはじめて明快に解きあかした。

『尻啖え孫市』の一節である。

「その如来は、どこにいる」

「十万世界（宇宙）にあまねく満ち満ちていらっしゃいます。満ち満ちて、わたくしどもが救われたくないと申しても、だまって救ってしまわれます」

「救いとはどういうことだ」

「人のいのちは、短うございましょう？　そのみじかいいのちを、永遠の時間のなかに繰り入れてくださることでございます」

「念仏（南無阿弥陀仏）すれば、か」

「いいえ、お念仏をとなえようと、唱えまいと、繰り入れてくださいます。それが、極楽へ参れる、という境地でございます」

「わからぬことをいう。さすれば、念仏は、その極楽《きょうち》に生まれるためのまじないか、関所手形のようなものではないのか」

「ちがいます。さきほども申しましたように弥陀の本願によってたれでも救われるのでございますから、南無阿弥陀仏をとなえる者だけが極楽に生まれるというものではございませぬ。たれでも、生まれさせて頂けます。お念仏は、そういうありがたさを感謝する讃仏《さんぶつ》のことばにすぎませぬ」

これが日本仏教の到達点であったと理解すべきであろう。

司馬さんは幕末の攘夷論が何を意味していたかという難題を解明すべく、『花神』の村田蔵六が念じた内容に光を当てる。この時期、なぜ攘夷という熱度の高い論理が必要であったか。

人の主義は気質によるものだが、蔵六にとってもこの攘夷という気分は生来のものであった。その固有の気分の上に、かれは自分の理論をうちたてた。

攘夷という非合理行動によって、日本人の士魂の所在を世界に示しておく必要がある、というものであった。

蔵六は、中国の事情にやや明るい。中国はそれをしなかったために列強にあなどられ、ついに分けどり同様の目に遭《あ》っている。日本も徳川幕府の平身低頭主義では、中国の二ノ舞になるであろう。なるほど日本の兵器は劣っているが、内陸戦になれば幾十万の夷人兵が上陸してきても、やがては夷人の負けになるにちがいない。夷人も、内陸戦のこわさを知っている。日本人の性根や本音はどうか、とひそかに窺《うかが》っている。そういういわば睨《にら》みあいのなかで、攘夷の士魂をみせておかねば、日本は列強の植民地になってしまうであろう。

それが蔵六の理論であった。

開明派から見れば理に合わぬようではあっても、我が国にとっては国防に必須の手段であったのだ。

『大坂侍』の鳥居又七に、幼友達《おさなともだち》の極楽政《ごくらくまさ》が言う。

「人間は、着物《きりもん》ぬいで、垢《あか》洗うた目方で量《はか》るんや」

とくに時代は江戸期であるから、着物は身分の象徴である。大坂では人間を身分で評価しない。ここでは話が大坂の流儀というふうに限られているが、それこそが正味のところ司馬さんの眼である。正真正銘の貫禄だけで観る。その貫禄にひそむ魅力だけを、作者の眼力が引きだし取りだすのである。

それゆえ、司馬さんは、イデオロギーや思想のカラクリを見抜く。『歴史の中の日本』にこう記す。

思想というものは、本来、大虚構であることをわれわれは知るべきである。思想は思想自体として存在し、思想自体にして高度の論理的結晶化を遂げるところに思想の栄光があり、現実とはなんのかかわりもなく、現実とかかわりがないというところに繰りかえしていう思想の栄光がある。

思想やイデオロギーは虚構であるというその事情を、最も的確に要約したのが、『項羽と劉邦』における次の一節であろう。

人類は、その後も多くの体系を創《つく》り出し、信じてきた。ほとんどの体系はうそっぱちをひそかな基礎とし、それがうそっぱちとは思えなくするためにその基礎の上に構築される体系はできるだけ精密であることを必要とし、そのことに人智の限りが尽くされた。

司馬さんは類い稀なる人間通の眼光によって、人の世の迷妄を吹きはらうことに努めたのであった。

《出典一覧》五十音順（各社とも文庫版）

『ある運命について』 中央公論新社
『一夜官女』 中央公論新社
『王城の護衛者』 講談社
『大坂侍』 講談社
『おれは権現』 講談社
『花神』上巻・中巻・下巻 新潮社
『風の武士』上巻・下巻 講談社
『国盗り物語』一～四 新潮社
『軍師二人』 講談社
『項羽と劉邦』上巻・中巻・下巻 新潮社
『功名が辻』三、四 文藝春秋
『胡蝶の夢』一、三、四 新潮社
『歳月』 講談社
『最後の伊賀者』 講談社
『最後の将軍』 文藝春秋
『坂の上の雲』三～八 文藝春秋
『十一番目の志士』上巻・下巻 文藝春秋
『十六の話』 中央公論新社
『殉死』 文藝春秋
『城塞』上巻・中巻・下巻 新潮社
『尻啖え孫市』 講談社
『新史 太閤記』上巻・下巻 新潮社
『関ケ原』上巻・中巻・下巻 新潮社
『戦雲の夢』 講談社
『草原の記』 新潮社
『韃靼疾風録』下巻 中央公論新社
『長安から北京へ』 中央公論新社
『手掘り日本史』 文藝春秋
『峠』上巻・下巻 新潮社
『土地と日本人』〈対談集〉 中央公論新社
『翔ぶが如く』一～五、八～十 文藝春秋
『豊臣家の人々〈改版〉』 中央公論新社
『夏草の賦』上巻・下巻 文藝春秋
『菜の花の沖』一～六 文藝春秋
『日本語と日本人』〈対談集〉 中央公論新社

『日本人と日本文化』〈対談〉　中央公論新社
『人間の集団について』　中央公論新社
『幕末』　文藝春秋
『箱根の坂』上巻・中巻・下巻　講談社
『馬上少年過ぐ』　新潮社
『八人との対話』　文藝春秋
『花の館・鬼灯』　中央公論新社
『播磨灘物語』一～四　講談社
『微光のなかの宇宙』　中央公論新社
『人斬り以蔵』　新潮社
『風神の門』上巻・下巻　新潮社
『梟の城』　新潮社
『北斗の人』　講談社
『燃えよ剣』上巻　新潮社
『妖怪』　講談社
『世に棲む日日』一～四　文藝春秋
『余話として』　文藝春秋
『竜馬がゆく』一～八　文藝春秋
『歴史と視点』　新潮社
『歴史の交差路にて』〈共著〉　講談社
『歴史の世界から』　中央公論新社
『歴史の舞台』　中央公論新社
『歴史を考える』〈対談集〉　文藝春秋

この作品は、一九九八年十二月にＰＨＰ研究所より刊行された。

著者紹介
司馬遼太郎（しば　りょうたろう）
大正12年（1923）大阪生まれ。大阪外国語学校蒙古語部卒業。昭和35年（1960）『梟の城』により第42回直木賞受賞。以後、菊池寛賞、日本芸術院恩賜賞など数々の賞を受ける。平成3年（1991）文化功労者に顕彰され、平成5年（1993）に文化勲章受章。日本芸術院会員。『竜馬がゆく』『坂の上の雲』『菜の花の沖』『空海の風景』『街道をゆく』『この国のかたち』など著書多数。平成8年（1996）2月逝去。

PHP文庫　人間というもの

2004年4月19日　第1版第1刷
2007年4月16日　第1版第22刷

著者　司馬遼太郎
発行者　江口克彦
発行所　PHP研究所
東京本部　〒102-8331　千代田区三番町3番地10
文庫出版部　☎03-3239-6259
普及一部　☎03-3239-6233
京都本部　〒601-8411　京都市南区西九条北ノ内町11
PHP INTERFACE　http://www.php.co.jp/
制作協力
組版　PHPエディターズ・グループ
印刷所
製本所　図書印刷株式会社

ISBN4-569-66176-9

「司馬遼太郎記念館」への招待

司馬遼太郎記念館は自宅と隣接地に建てられた安藤忠雄氏設計の建物で構成されている。広さは、約2300平方メートル。2001年11月に開館した。

数々の作品が生まれた自宅の書斎、四季の変化を見せる雑木林風の自宅の庭、高さ11メートル、地下１階から地上２階までの三層吹き抜けの壁面に、資料本や自著本など２万余冊が収納されている大書架、……などから一人の作家の精神を感じ取っていただく構成になっている。展示中心の見る記念館というより、感じる記念館ということを意図した。この空間で、わずかでもいい、ゆとりの時間をもっていただき、来館者ご自身が思い思いにしばし考える時間をもっていただきたい、という願いを込めている。（館長　上村洋行）

利用案内

所在地　大阪府東大阪市下小阪３丁目11番18号　〒577-0803
TEL　06-6726-3860、06-6726-3859（友の会）
HP　http://www.shibazaidan.or.jp
開館時間　10:00～17:00（入館受付は16:30まで）
休館日　毎週月曜日（祝日・振替休日の場合は翌日が休館）
特別資料整理期間（９/１～10）、年末・年始（12/28～１/４）
※その他臨時に休館することがあります。

入館料

	一般	団体
大人	500円	400円
高・中学生	300円	240円
小学生	200円	160円

※団体は20名以上
※障害者手帳を持参の方は無料

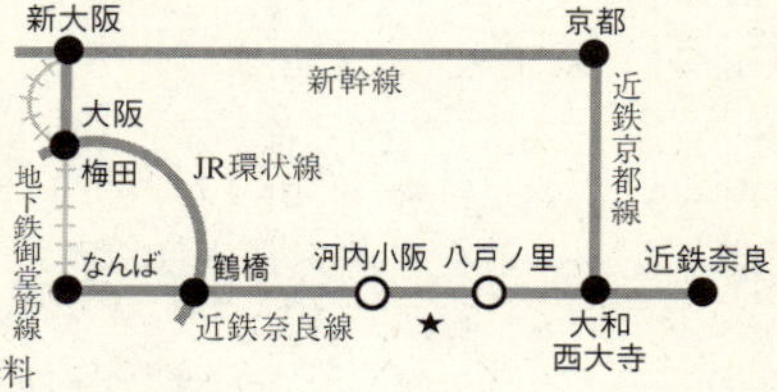

アクセス　近鉄奈良線「河内小阪駅」下車、徒歩12分。「八戸ノ里駅」下車、徒歩８分。
Ⓟ５台　大型バスは近くに無料一時駐車場あり。但し事前にご連絡ください。

記念館友の会　ご案内

友の会は司馬作品を愛し、記念館を支えてくださる会員の皆さんとのコミュニケーションの場です。会員になると、会誌「遼」（年４回発行）をお届けします。また、講演会、交流会、ツアーなど、館の行事に会員価格で参加できるなどの特典があります。

年会費　一般会員3000円　サポート会員１万円　企業サポート会員５万円
お申し込み、お問い合わせは友の会事務局まで
TEL 06-6726-3859　FAX 06-6726-3856